対人援助職のためのコミュニケーションスキル 36

「相談力」入門

著者　鈴木雅人

中央法規

まえがき

◎相談力がない専門職は、いらない？！

　本書『「相談力」入門　～対人援助職のためのコミュニケーションスキル36』を手にとっていただき、ありがとうございます。

　本書は、**施設や病院、介護サービスや相談機関**などでお客様や家族、住民からの相談にのることのある、**社会福祉士・ソーシャルワーカー、ケアマネジャー、介護福祉士・ホームヘルパー・介護スタッフ、各種相談員・支援員**等の方々のために、相談対応について分かりやすく解説した、現場で実践するための本です。

　情報はあふれています。以前は専門職しか知らなかったことでもインターネットや書籍ですぐに調べることができる時代なのです。もはや**専門的な知識を持っているだけでは専門職とは言えません**。そこで求められるのが、相談を通して個人が抱えている悩みや問題を解決する能力、つまり「相談力」なのです。

◎「対人援助」とは、福祉職にとどまらない

　また、本書は上記の職種を第一の対象としているものの、「対人援助」という言葉の本来の意味を考えれば、**士業やコーチ、カウンセラー**等も人を援助する仕事と言えます。そういった意味で、**「相談力」は福祉職にとどまらず、お客様の困り事を解決する全ての人が活用できる**のです。

◎本書の内容を簡単にご紹介します

　コンセプトは、「ひたすら分かりやすい、相談対応の実践的入門書」。

　１章では、「相談を学ぶあなたに」というテーマで、相談の現状と専門職の未来、そして、「相談力」とはあらゆる職種で活用できる**汎用性があるスキル**であることをお伝えします。相談を学ぶ上で、最初に知っておくべきことを語った章で、本書の中でも**特に多くの方々に読んでいただきたい内容**です。

　「このままじゃまずいのかも…」という危機感とともに、相談の素晴らし

対人援助職のためのコミュニケーションスキル 36
「相談力」入門

さやその可能性を感じてもらえるでしょう。

2章では、「「相談力」の全体像をつかむ」というテーマで、特に重要なポイントと相談の流れについてお伝えします。これさえ知っていれば**様々な相談対応に応用**できる「相談において最も重要な気付き」と、相談力の基本となる「三つのステップ」について学びます。

初心者の方は漠然としていた**相談のイメージが明確**になりますし、ベテランの方は、今まで身に付けてきた**スキルを整理**することができます。

3章は、相談対応スキルを紹介する、本書のメイン部分です。相談を受ける専門職（プロ）として**まず押さえておく**スキル、三つのステップに対応したスキル、そしてさらに相談力アップを目指した**発展的スキル**と、段階別に36種のスキルを解説します。

全てをマスターできれば**一気にベテラン相談員と肩を並べられます**。また、苦手分野や興味があるスキルだけを重点的に学んだり、相談スキルを振り返るきっかけにもなります。

4章は、「実際にやってみよう」というテーマで、これまで学んできた相談スキルを**実践に移す**ヒントをお伝えします。せっかく学んだスキルも、相談の現場で活用しなければ宝のもちぐされになってしまいます。実践ポイントや記録の注意点、タイプ別の実践法を学ぶことで、「**一つでもやってみよう！**」という気持ちになるでしょう。

◎さあ、「相談力」を一緒に学んでいきましょう

相談とは、相談者の問題解決に寄り添い、人生に少しだけでも関わるという、**素晴らしい**、そして「**人間らしい**」コミュニケーションです。本書で「相談力」を身に付けて、そのやりがいと楽しさを一緒に味わいましょう。

2013年3月

鈴木 雅人

この本の活用方法

学び編	
まず、一通りざっと読む	細かい部分は気にせず、一通り最後まで読んでみます。 じっくり読まなくても構いません。まずは「何が書いてあるか」把握しましょう。
↓	
再度、2章を読む	2章は、相談力の全体像を解説しています。 3章のスキルを一度読んでいるため、理解度が増しているはずです。
↓	
3章の気になったスキルをじっくり読む	3章ではたくさんのスキルを紹介しています。その中であなたが気になったスキルをじっくり読み返しましょう。相談の場面で、本を片手に…というわけにはいきませんからね。

実践編	
実際に相談で試してみる	せっかく学んでも、ただの「お勉強」で終わってしまってはもったいないですから、実際の相談で試してみましょう。その時は相談者の反応を見て、上手くいっているのか、そうでないのかを見極めることを忘れずに。
↓	
この本を読んだことを他の人に言ってみる	ネットでつぶやくのも可。説明することを念頭に読み込むと、かなり頭に残ります。また、言葉にすることで、自分の中で本の内容が整理されます。他人の反応も、新たな気付きになるでしょう。
↓	
この本を読んでいる人同士で、相談について語り合ってみる	同じ本で学ぶ仲間は、「相談力」という概念を共有しているので、深い話ができます。ぜひ、相談について語り合ってみて下さい。「そんな見方があったのか！」と、自分に見えなかった視点を取り入れることができます。

復習編	
忘れた頃にもう一度読んでみる	この本は手元に置いておき、相談で悩んだり、スランプを感じたり、自身の振り返りをしたいと思ったりした時に読んで下さい。混乱した頭が、再度整理されるでしょう。 実務書とは、何度も何度も読み返すものです。お守り代わりに、手元に置いておきましょう。

Contents

まえがき
この本の活用方法

1章 相談を学ぶあなたに　1

- ❶ ちゃんとした相談対応、できていますか？ ……… 2
- ❷ このままでは専門職ではいられなくなる⁈ ……… 5
- ❸ 相談力－汎用性の高いスキル－ ……… 8
- ❹ 相談を学ぶあなたに ……… 10

2章 「相談力」の全体像をつかむ　13

- ❶ ある相談者からの手紙 ……… 14
- ❷ 最も重要な気付き ……… 16
- ❸ 相談の三つのステップ ……… 19
- ❹ Step3 相談者に変化をもたらす ……… 21
- ❺ Step2 相談者に受け取る準備をしてもらう ……… 25
- ❻ Step1 信頼関係を築く ……… 29
- ❼ スキルを学ぶ ……… 31

3章 「相談力」スキルアップ 36　33

1. 相談を受ける専門職（プロ）として ── 34
- ❶ 相談スイッチを ON にする〈非日常の世界に入るには〉……… 35
- ❷ 相談者を主役におく〈相談者に焦点を合わせる〉……… 40
- ❸ 相談をエスコートする〈相談は組み立てるもの〉……… 44

❹話の三つの要素を把握する〈事実・推定・感情〉……………… 46
　❺観察力で相談者を理解する〈気付きをもたらす目ヂカラ〉…… 50
　❻自分を知る〈自己覚知〉………………………………………… 55
　❼必要性を把握する〈ニーズについて〉………………………… 60
　❽相談者の要望を知る〈ウォンツについて〉…………………… 63

2. 信頼と共感の相談力（Step1 信頼関係を築く）──── 66
　❾相談を演出する〈意図的にデフォルメする〉………………… 67
　❿相談できる雰囲気を作る〈相談前から「演出」は始まっている〉… 71
　⓫演出方法をマスターする〈二つのコミュニケーション〉…… 75
　⓬相談者の話を聴く〈傾聴について〉…………………………… 85
　⓭安心感をもたらす〈堂々とした対応・日常感の演出〉……… 91
　⓮話を引き出す〈話しやすさは相談しやすさ〉………………… 99
　⓯心に寄り添う〈共感し共有する〉………………………………104

3. 変化への土台作り（Step2 受け取る準備をしてもらう）── 108
　⓰受け取る準備をしてもらう〈変化の前提を作る〉……………109
　⓱相談したいと思われる〈信頼性と専門性〉……………………113
　⓲理性に働きかける〈左脳的なアプローチ〉……………………117
　⓳感情に訴える〈右脳的なアプローチ〉…………………………121
　⓴ホッとしてもらいやる気を引き出す〈自己肯定感を高める〉……123
　㉑素の自分を表現してもらう〈相談者のモチベーションをアップする〉…128

4. 心を動かす相談力（Step3 相談者に変化をもたらす）──── 131
　㉒「変化」について知る〈変化のプロセスについて〉……………132
　㉓変化のツボを理解する〈思考の傾向×ポジショニング〉……137

㉔ 考えの「クセ」を把握する〈思考回路を知る七つのポイント〉……140
㉕ 分かりやすく伝える〈プレゼンテーションの技術〉………………145
㉖ 効果的にアドバイスする〈目的とタイミングをおさえる〉………151
㉗ ニーズとウォンツで変化をもたらす〈内面から行動の変化へ〉……154
㉘ 気付きをもたらす〈思考をうながす技術〉………………………160
㉙ 行動してもらう〈行動から内面の変化へ〉………………………164
㉚ 想像してもらう〈行動までのハードルを下げる〉………………168
㉛ 相談後もフォローする〈変化の可能性を高める方法〉…………173

5. さらに相談力アップを目指して —— 178
㉜ ゴール思考を身に付ける〈逆算すれば「今」が分かる〉………179
㉝ 感情表現をマスターする〈相談者・対応者それぞれの感情表現〉…183
㉞ 対応者のストレスや感情をコントロールする〈違う価値観との対峙〉…188
㉟ 相談を振り返ってみる〈客観視で相談の質は上がる〉…………196
㊱ 専門職として成長する〈パートナーや仲間を見つけよう〉………202

4章 実際にやってみよう！　　209
❶ 実践、実践、実践 …………………………………………………210
❷ 記録しよう …………………………………………………………215
❸ タイプ別実践法 ……………………………………………………219
❹ あとは、やるだけ …………………………………………………221

あとがき

1章 相談を学ぶあなたに

1) ちゃんとした相談対応、できていますか？

POINT! **1. 相談対応の現実**

　あなたが来月に京都へ旅行に行くとします。宿や新幹線の予約のため、旅行会社に相談に来ました。3人ほど順番待ちをして、ようやく窓口から呼ばれました。

　　　あなた　　「京都に行きたいんですけど、どこか良いところありますか？」
　　　窓口の人「えっ？　どこ行くのー？　京都？　観光？」
　　　　　　　「じゃあ、この辺なんていいんじゃない？　旅館だし」
　　　あなた　　「……」（何だここ。友達じゃあるまいし…。やけに馴れ馴れ
　　　　　　　　しいな。適当に言っているだけなんじゃないの？）

　別の日。あなたは仕事で相談を受けることになりました。資格を取ってから一年。ようやく就いた仕事です。今までは先輩の相談を見ているだけでしたが、今日が相談デビューです。

　　　あなた　　（ドキドキしながら）「こちらの制度は、まあ色々難しくて…、
　　　　　　　　何というか、今って言われましても…いや…。（困ったな～）
　　　　　　　　この場では、利用できるかどうかはちょっと…」
　　　相談者　　「そんなことも分からないの？　あなた、頼りないわね～」
　　　　　　　「ちょっと別の人と代わってくれない？　もっとちゃんとした
　　　　　　　　人」
　　　あなた　　「……」（ショック…何が悪かったんだろう？）

このような経験はありませんか。
　「こんな対応しないよ」または「こんなセリフ言われたことないよ」などと思うかもしれません。しかしこれは、様々な人からの相談にのる中で、私が実際に見聞きしたことです。

冒頭からこのような事例を挙げて何が言いたいのかというと、少なくともあなたの想像より、**世の中の相談の質は「低い」**ということです。それは、私自身の経験からもそうですし、きっとあなたにも、誰かに相談してガッカリしたり、時間を無駄にしたと感じたりした経験があると思います。

　相談対応をする人というのは、美容院・衣料品店・スポーツクラブ・旅行代理店・保険ショップなど福祉専門職以外にもたくさんいて、その人たちのほとんどが相談に関する教育を受けていないのですから、ある意味当然のことかもしれません。

　では、相談を仕事とする（仕事としたい）あなたの相談はどうでしょう。ちゃんとした対応ができているでしょうか。

POINT! 2. ちゃんとした相談対応って何？

　まず、ちゃんとした相談対応とは何か、言葉にすることはできるでしょうか。これが言える人は決して多くないと思います。なぜなら、相談のプロと呼ばれる私たちでさえ、**相談の対応を体系的に学ぶ機会が少ない**ためです。

　福祉系の大学や受験資格の科目、あるいは研修会などで、断片的には学びます。ソーシャルワークとしての「援助技術論」やその歴史、コミュニケーション技術やカウンセリング・コーチングなどです。しかし、そのどれもが、「相談対応というのは、何をどのようにすればよいのか？」という根本的な問いには答えていません。そもそも目的が違いますから当然ですが。

　また、相談対応を体系的に学べる研修やセミナー等もなかなかないのが実情です。つまり、**私たちは相談を仕事とする相談のプロなのにも関わらず、相談対応を体系的に学んだ経験もなく、学ぶ場がほとんどない中で対応を迫られている**のです。

　その結果、断片的な知識や技術と経験の積み重ねから自己流の対応方法を生み出します。でもそれを否定するわけではありません。なぜなら、ベテラン相談員と呼ばれる経験豊富な人たちの中には、素晴らしい相談対応をする人もいるからです。

　経験の蓄積である自己流の対応を言語化できる人は少なく、「見て学べ」あるいは「盗んで覚えろ」的な、非効率な人材育成が一般的な姿なのです。職場の内外におけるスーパービジョンも取り組まれていますが、効果のある

スーパーバイザーと出会える人は、かなり恵まれた環境にいると言えます。

一般的には、先輩の相談を一通り見て、あとは数を経験して何となく相談対応できるようになるのを期待するというのがその方法です。確かに、相談の対応以外のことは職場や初任者研修などで教えてもらえます。例えば、説明する制度の内容や、要件、関連する知識、他の専門職との連携などです。

しかし、それは「相談対応が分からない」ことの解決にはなりません。**私たちの仕事は、「説明」ではなく「相談」なのですから、学ぶべきものは「相談」であるはずなのです。**

POINT! 3. 相談対応者によくある悩み

ここで、相談対応者によくある悩みを紹介しましょう。

一つ目は、**相談を教えてもらえない**こと。前述で詳しくお伝えしましたが、相談対応を体系的に学ぶ場がありません。だから、相談の仕事に就いた人にとっては、相談者を目の前にして、「何をしてよいのか分からない」というのが正直なところなのです。

とりあえずできることを…と思い、ひたすら制度の説明をするのは、初心者によく見られる光景だと思います。

二つ目は、**自分の相談対応に自信が持てない**こと。少しずつでも、経験を積んでいくと、とりあえずの対応はできるようになってきます。しかし、それはあくまでも自己流ですから、自分のやり方に自信が持てないという方も多いのです。

自身の相談対応の「芯」のようなものがないこと、つまり体系化された理論を学び、言動に根拠を持つことができないことがその原因であると私は考えます。

三つ目は、**自己流の相談対応の限界**です。

例えば、相談者の感情に振り回されてしまい、時間がかかり過ぎてしまったり、相談内容や相談者の言動が頭・感情を支配してしまい、自宅に帰ってもベッドの中で思い出して眠れぬ夜を過ごしてしまったりします。相談者と信頼関係は作れるけれど、話を聞くだけで、現実的な問題の解決まで至らないという人もいます。

これらのことは、相談対応を体系的に学ぶ場がないことの影響なのです。

② このままでは専門職ではいられなくなる?!

POINT! 1. 専門職の将来が危ない?

　前項では、体系化された学びの重要性をお伝えしましたが、ここでは専門職[注]について考えてみましょう。介護・障がい者支援・生活保護など、あなたも何らかの専門職だと思いますが、その専門職にとって、「相談力」が欠かせなくなるという話です。

> 注）専門職（一般的に、素人には分からない専門的な知識や技術、経験を持つ人のことを「専門家」と呼びますが、この本では福祉業界の慣習に従って「専門職」という用語を使用します。「専門家」の方が馴染みがある人は、読み替えて下さい。）

POINT! 2. 情報社会の成熟

　現代は情報であふれています。インターネット・テレビ・雑誌・書籍…。あなたが専門とする分野のことも、少し調べれば色々な情報が掲載されていると思います。

　最近、こんな相談者が増えています。インターネットで調べたものを印刷し、持ち込んでくる人たちです。制度の細かい部分まで知っていて、すごいなと思ったりします。もちろん、自身が抱える問題の解決のために、熱心であることは歓迎です。でも、何か、少し恐怖のようなものを感じた人もいるのではないでしょうか。

　「このままでは、私なんか必要なくなるんじゃないか…」

POINT! 3. 知識の差は埋まっていく

　その感覚はある意味正解です。今後は、**専門職が専門知識だけでは成立しなくなる時代が来る**のです。

　なぜなら、今までの専門職というのは、普通の人たちに比べて「圧倒的な専門知識の差」を背景に成り立っていました。法律家しかり、医療専門職し

かりです。そもそも専門知識に一般人は触れることさえできなかった時代があったのです。

しかし、少々細かい専門知識くらいなら、インターネットですぐに調べられます。学者しか読まないような専門書も通販で取り寄せて、誰もが読むことができるのです。そんな時代に、専門知識の差は、どんどん埋まっていきます。

つまり、専門的なことを知っているから専門職であるということが言えなくなってくるのです。

POINT! 4. 専門職の生き残る道は三つある

もはや知識だけでは、一般の人と差がつかなくなってしまうわけです。それでは、専門職はどのように生き残っていけばよいのでしょうか。その道は三つあると私は考えます。

一つ目は、**専門技術が伴う専門職**という道です。例えば、手術ができる医師や、裁判官や検察官と言葉のバトルを繰り広げられる弁護士、あるいは効果的なリハビリができるセラピストなどが代表例です。

なぜなら、技術を習得するには時間がかかるからです。知識は調べれば一瞬でアクセスできますが、技術を身に付けるにはそうはいかないですから。

二つ目は、**知識や経験を体系化し、伝えていく**という道です。専門職の「差」というのは知識だけでなく、数多くの「経験」もあります。また、前述した専門技術もあります。それらを分かりやすく体系化し、世の中に広めていくのです。

その意味では、専門職と一般の人をつなぐ、スポークスマン的な役割などと言えると思います。しかし、スポークスマンは少ないのが世の常です。だからほとんどの専門職が次の三つ目に当てはまると言えます。

その三つ目が、**個別の問題を解決する**という道です。世の中に情報があふれているとはいえ、それらは誰もが当てはまるような一般的な情報です。

例えば、介護保険のしくみや利用方法、使えるサービスなどは掲載されています。しかし、「認知症の母親を抱えるうちの場合、どうしたらよいの？」という個別の問題解決の方法は、どんなに検索しても載っていないのです。なぜなら、その方法を知るには、個別によって違う事情や状況などを伝える

ことをしなければ、個別の回答などしようがないからです。

　だから、知識の差が埋まる時代になっても、専門職には個別の問題を解決するという大きな役割があるのです。

POINT! 5. だから「相談力」が求められる

　この項では、専門知識だけでは専門職とは言えなくなっていること、今後の専門職に求められるのは、個別の問題の解決であることをお伝えしました。そこで必要になるのが、この本のテーマでもある相談対応できる力、すなわち「相談力」なのです。

　ですから、自身が持つ「専門領域」にプラスして、「相談力」を学ぶ必要があるのです。

〈専門職の二つの専門性〉

③ 相談力
－汎用性の高いスキル－

POINT!　1.「相談力」とは、どんな仕事でも使えるスキル

　前項でお伝えした通り、今後、専門職として生き残っていく上で、個別の問題解決は欠かせません。それに必要になるのが「相談力」です。ですから、たとえあなたが他の職種に転職しても、業界を変えても、お客さんの悩みや問題を解決するような職種であれば、身に付けた「相談力」は活用することができます。つまり、**「相談力」とは、全ての専門職に求められる、非常に汎用性の高いスキル**なのです。

　ここでは、「相談」について、そして「相談力」について、どういうものなのかということを解説します。

POINT!　2. 相談とは何か？（相談の定義）

> 相談―――――個別の問題を、他者の知見を活用して解決していくた
> 　　　　　　　めのコミュニケーション
> 相談者―――――悩みや問題を抱えて、相談に来る人
> 相談対応者―相談に対応する人

　相談とは、個別の問題を、他者の知見を活用して解決していくためのコミュニケーションです。ここでは、「相談者」とは悩みや問題を抱えて相談に来る人のことを指し、「相談対応者」とは、その相談に対応する私たちのことを指します。

　簡単に言えば、人は困った時には誰かに相談する、ということです。人間がこの世に生まれ、言葉を持った時からあるコミュニケーションなのです。

　また、相談とは人間がより良く生きていくために不可欠なものとも言えます。なぜなら、**人間は全てのことを自分の力だけで解決することはできない**からです。人生の様々なステージを経験する中で、私たちは色々悩み、問題を抱えます。それらを全て一から勉強して、自分で解決策を見つけ出すこと

は不可能なのです。何せ、人生には寿命というリミットがありますからね。

また、どんなに情報社会が成熟したとはいえ、いくらネット検索したり、書籍を読んだりしても、一般的な情報しか載っていないことから、**「自分の問題」は解決しない**のです。だから、人生をより良くするためにも、相談というコミュニケーションは必要不可欠で、とても意義があることなのです。

POINT! 3.「相談力」とは？

相談の場面とは、非日常な場面です。相談が日常化しているのは、相談を受けている私たちだけであり、相談者にとっては、少し特別な緊張する場面なのです。相談には、特有のコミュニケーションのルールや作法があり、そのため、日常会話のコミュニケーション手法だけでは対応できません。

相談特有のコミュニケーションのルールや作法。本書では、それを活用できるチカラのことを**「相談力」**としています。相談者から見れば、適切に自分の解決したい問題に合った答えを引き出す、相談する力と言えますし、相談対応者から見れば、信頼関係を築き、相談者に変化をもたらし問題を解決する、相談に対応する力と言えます。

「相談力」の二つのチカラ

> 相談者――――適切に自分の解決したい問題に合った答えを引き出す、相談する力
> 相談対応者―信頼関係を築き、相談者に変化をもたらし個別の問題を解決する、相談に対応する力

もちろん、両者とも大事ですが、本書では、相談に対応する側である私たち福祉専門職が活用するという視点から、後者の意味で使っていきます。

④ 相談を学ぶあなたに

 1. 相談を学ぶ意味

次に、私たちが相談を学ぶにあたって、どんな意味があるのか考えてみましょう。

まずは福祉専門職としての意味です。

福祉専門職として相談を学ぶ意味

> ①クライアント（相談者）に対し、**より良い支援**ができる（成果が上がる相談ができる）
> ②専門職としての**自己成長**につながる（スキルアップ）
> ③結果として、より暮らしやすい社会ができる

①クライアント（相談者）に対し、より良い支援ができる（成果が上がる相談ができる）

相談者と信頼関係を結ぶだけでなく、抱えている悩みや問題を解決するのが相談です。それを学ぶことによって、相談してきたクライアントに対する支援の質も上がるのです。

②専門職としての自己成長につながる（スキルアップ）

どんな専門職でも、個別の問題解決をするチカラ（＝相談力）が必要です。それを身に付けることは、私たち自身のスキルアップに他なりません。

また、相談に対応できれば、つぶれずに相談を受け続けることができます。相談とは、相談者の人生にほんの少しでも関わることにもなり、その経験が私たちを成長させてくれるのです。

③結果として、より暮らしやすい社会ができる

私たち一人ひとりの相談の質が上がれば、社会はもっと暮らしやすくなります。困った時に相談すれば、解決できるようになるからです。現在の相談

の質の低さは冒頭でもお伝えした通りで、少しずつでもそれを改善していくという「相談力」の輪を作っていきましょう。

ひとりの人間としての意味

> ①汎用性が高い技術（福祉の現場以外でも様々な職種で応用可能）
> ②自身の問題解決のためにも使える

①汎用性が高い技術（福祉の現場以外でも様々な職種で応用可能）

前項でもお伝えした通り、「相談力」とは非常に汎用性の高いスキルです。

福祉の現場以外でも、例えば営業職や接客業、コーチやコンサルタントなど、活用できる職種はたくさんあります。

②自身の問題解決のためにも使える

また、**相談の学びは自分の問題解決にも応用できます**。相談は問題解決につなげるためのコミュニケーションであり、普段仕事で相談対応していれば、自分が困った時の相談も上手くできるようになります。相談の流れが分かるし、自己開示の重要性、相手の意見を受け取る準備の必要性などが実感できるからです（「相談力」を身に付けるためにも、自分の困りごとは相談してみることをお勧めしています）。

POINT! 2. 成長の視点を意識しよう

次の章から、いよいよ相談についての学びが始まるわけですが、その前提として押さえておくことがあります。それは、専門職には三つの要素があり、それらをバランスよく成長させていくことがポイントになるからです。

専門職が持つ三つの要素（成長の視点）

> ①「知識」
> ②「技術」
> ③「マインド」（心構え）

知識だけでも、技術だけでも、マインドがなくても、専門職としては不完

全になってしまいます。この三つの要素を意識して、学んでいく必要があるのです。

本書では、これら三つの要素全てについてお伝えしていきます。

POINT! 3. 素晴らしき相談の世界へようこそ

個別に対応し、一人ひとりの人生に寄り添う相談の仕事は、本当に奥が深いです。自分が体験したこともない経験をしている相談者もいますし、自分の中には全くない価値観を持っている人もいます。それらの相談者に対応するためには、学びに終わりはありません。

しかし、成長とは異なる価値観と触れ合うこととも言えますが、それをするのが相談です。つまり、**私たちは仕事をしながらにして、人間的に成長できる**のです。

また、相談者のホッとした表情や感謝がなによりもの報酬というくらい、やりがいのある仕事です。悩みや問題を抱えて、この世の終わりではないかというくらい沈んだ表情で来た相談者の表情がパッと明るくなったり、深い悩みの解決にある程度の期間寄り添って、一緒に解決へと歩んだりすると、「本当にこの仕事をやってて良かったな〜」としみじみ思えるのです。

複雑化した時代、どんな分野でも、これからの仕事には総合的な「人間力」が求められます。**相談の仕事とは、まさに「人間力」の仕事**と言えるのです。自信を持って学んでいきましょう！

2章 「相談力」の全体像をつかむ

1) ある相談者からの手紙

　私は先日、あなたに相談した者です。
　その節は、大変お世話になりました。
　今日は、どうしてもあなたに伝えたいことがあって、こうして筆をとりました。

　実は、相談する前は、こんなこと相談してよいものだろうかと、ずいぶん悩みました。
　きっと、窓口で返されてしまうだろうと思っていたのです。
　話もまとまっていませんし、考えるだけで分からなくなってきます…
　もっと他の人は、何というか相談らしいご相談なんでしょうね。

　でも、あなたは話を聞いてくれました。
　良かった。
　思い切って相談にきて良かったと思いました。
　家で色々考えていたのが、ばからしくさえ感じました。
　なんでもっと早く、相談に行かなかったんだろう、と。
　そう思いました。
　最初は。

　そう、最初はあなたのことが輝いて見えました。
　「あること」があるまでは…
　あの日を思い出してみて下さい。
　あなたは、思い切って窓口に行った私をにこやかな顔で迎えてくれて、私は安心して席に座ることができました。
　あのような場所に行くのは初めてだったもので、少し緊張していたのです。
　何からお話ししていいやら分からず、戸惑っていると、「今日はどういうご用でいらしたんですか？」と聞いてくれましたね。
　それで私は話し始めました。

　それは、私が相談を始めてから、12〜13分たった頃でしょうか。
　ここから本題だというところで、「あること」が起きました。
　覚えていますか？
　あなたは私を傷つけたのですよ。
　あなたは私の目から目線をずらし、時計を見ました。

　いや。
　私は話の途中に時計を見たことを言っているのではありません。
　専門の方ですから、お忙しいことも分かっております。
　ただ、あなたが時計を見た時から、どうしてか、私たちの間にあった「空気」が変わってしまったのです。

私言いましたよね。
「お忙しいんですか？」「でしたら出直してきますよ」と。
「いや、大丈夫です」と、あなたはおっしゃいました。
…嘘。
「嘘」だったんです。
私だってそのくらい分かります。

まず、あなたが少し怖い目で私を見るようになりました。
言葉では、私の話にうなずいてくれ、大変でしょうとおっしゃってくれましたが、心底そう思っていないことは、目を見れば分かります。
そして、あなたの表情やしぐさも変わっていったのです。
人の顔の前に手を持ってきたり、身体を後ろに引いたり、出口の方を見たり、ボールペンをカチカチ鳴らしたり…

私には「くだらない話だから、早く帰ってくれ」と言われているように感じました。
早く帰ってほしかったのでしょう？
どうせなら、はっきり「今日は時間がないので、またにして下さい」と言われた方がどんなに良かったか…
私はそのようなあなたと話していて、とても不愉快でした。
でも、そんなことを理由に席を立つわけにもいかず、結局1時間もそんな思いをしていたのです。

私の身になって考えていただけますか？
この1時間、どんなにつらかったことか…
それもこれもあなたの「嘘」が始まりです。
本当は、たかが相談の出来事なのに、ここまで言うのは間違っているのかも知れません。
でも、言いたいのです。
私は、勇気を振り絞って相談したのだから、せめてその時だけでも、一人の人間として向き合ってほしい。
そして、大切にして下さい。
私のことだけを見て、私のことだけを考えて、接して下さい。
少なくとも、そう思わせて下さい。

例えば恋人なら、あなたにとって大事な人なら、あなたはあんな態度で接しますか？
私は、あなたにとって、どういう存在なのですか？
それが分かりません。
私が言いたいのは、あなたの恋人になりたいとか、そういうことじゃなくて、
せめて相談している時には、
私もその大事な人の中に入れて下さい。　ということ。
そして、大切に扱ってほしい。
これが願いです。

この手紙をお読みになって、気を悪くしたらごめんなさい。
初めに会った時の輝きが忘れられなかったので、勇気を出して書きました。

　　　　　　　　あなたへ相談した者より

② 最も重要な気付き

POINT! 1. 相談者はこんな期待をしている

　いかがでしたでしょうか、「ある相談者からの手紙」は。時間的な余裕がない中で相談を受けることは、現場では決して少なくありません。それでも、「いや、大丈夫です」の一言が、相談者の人にとっては「嘘」になり、「傷ついた」と言わせてしまうのですね…。

　ほんの少しのミスで傷つけてしまう可能性がある…。大げさだと思うかもしれませんが、そうではありません。これがあなたの目の前にいる、相談者の本音です。

　ある意味、相談を受けるということは、「怖い」ことでもあるのです。それは、相談者というのは、様々な悩みとともに、**相談に対する期待**を持って相談に来るからです。

相談に対する期待

> ・このつらい悩みを解決できる
> ・そのための意味がある時間を過ごせる
> ・ぐちゃぐちゃになった頭の中が整理できる
> ・こんな傷ついた私を大切に扱ってもらえる　など

　あなたも自分が困った時に専門職に相談する機会があると思います。そんな時は、上記のような期待をしませんか。

POINT! 2. 相談対応において、最も重要な気付き

　私たち相談に対応する側が、忘れがちな相談者の本質。それが**「大切にしてほしい」という気持ち**です。そして、この部分こそが、最も重要な気付きなのです。

　あなたが相談する側に立った時、相談に乗ってくれる人に対し、どんな期

待をしますか。相談者の多くが、「自分の事情をよく聞いて、それを尊重してほしい」と思います。なぜなら、自分に注目してくれない限り、**「相談者自身の」解決策**は出てこないからです。

例えば、あなたがダイエットしたくて、スポーツクラブのインストラクターに相談したとします。消費カロリーと摂取カロリーの話とか、筋力トレーニングと有酸素運動のバランスとか…、一般的な話を聞いたとしても、「あなたの」ダイエットの解決策は見えませんよね。ほしいのは「自分の」解決策。そのためにも、事情をよく聞いて、それを尊重してくれないと満足しないものなのです。

POINT! 3. あなたは恋人にどんな接し方をしますか？

尊重してもらうこととはつまり、自分のことを理解し、認めてくれること。それが「大切にしてほしい」という気持ちの正体です。そして、「大切にしてほしい」気持ちに応えるための対応を、誰もが分かる言葉で象徴すると、**「まるで恋人のように」大切に接する**ということなのです。

私がなぜ、多少俗っぽい「まるで恋人のように」という言葉を使うのでしょうか。それは、恋人に接する気持ちというのは、多くの人が体験し、実感できるものだからです。

「大切にしてほしい」という相談者の期待にどうやって応えたらよいか。その問いに、表面的なテクニックではなく、根本的な考え方の部分や「感覚」を伝えようとして考え抜いた結果、ほとんどの人が経験している、恋愛の時の「感覚」にたどりついたのです。

実は**良い相談も、恋人に接する気持ちも、「気遣いを伝える」という意味で共通部分がある**のです。例えばあなたに、付き合い始めの恋人がいるとします。やはり、相手のことを大切にしたいと思いますし、大切にされたいとも思いますよね。そこであなたは、様々な手段を使って、あなたの気持ちを伝えようとします。

それは言葉かもしれませんし、手紙、相手を見つめる目、態度、エスコートなどの演出かもしれません。そこにはあなたなりの方法があると思います。その、「大切にしたい」ことを伝えるあなたの方法というのは、恋人に対してだけでなく、相談の場面でも応用できるものなのです。ですから私は、象

徴として「まるで恋人のように」大切に接する、と表現しているのです。

 4. 具体的にどのように接するのか

言葉で大切にする例

> ・「ありがとうございます」ときちんと伝える
> ・「空調は寒くないですか？」「お時間大丈夫ですか？」などと気遣う
> ・「ようこそ、いらっしゃいました」と歓迎する
> ・「頑張ってらっしゃるんですね」とねぎらう
> ・「お電話（お手紙）ありがとうございました」とお礼を言う
> ・「お聞きしても良いですか？」と確認を取る　など

態度で大切にする例

言 い 方	やわらかい表現で話す 癒しを感じる口調で話す 落ち着いたペースで話す
目　　線	やさしく見つめる（ソフトアイ） 目尻を下げてにこやかに見る 場合により、上目遣いで見る
表　　情	顔の表情を優しくする 悩みには、心配そうに聞く
その他	手先・指先まで気を配る 服装をきちんとする 秘密が守られる場所で話を聞く 渡す書類をキッチリ作成する　など

　ここに挙げたのはほんの一例ですが、相談者は「大切にしてほしい」のだということに気付くだけで、様々な対応が思いつくのが分かると思います。
　考えることは、まさにあなた自身との対話。あなたなりに気付いた点こそが、あなたの「相談力」をアップさせる原動力となるのです。

③ 相談の三つのステップ

POINT! 1. 相談には「流れ」がある

　相談とは、相談者が抱える悩みや問題を解決するもの。そのためには、効果的な進め方があります。それが、**相談の三つのステップ**です。その流れに沿って相談を進めていくと、相談の目的である悩みや問題の解決にたどりつくのです。

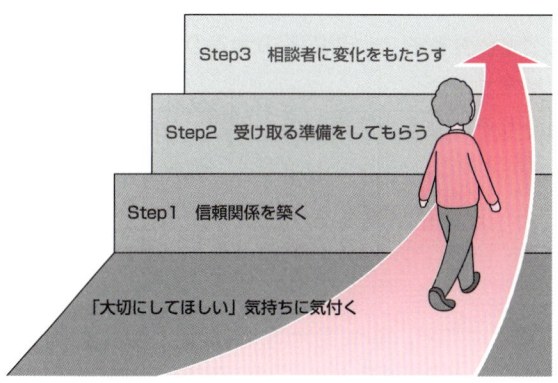

　もちろん、相談者が置かれている状況や抱えている悩み・問題などは、千差万別です。相談者の数だけ相談があると言っても過言ではありません。ただ、あまたある相談を分析してみると、共通する「流れ」があるのです。それが上記の相談の三つのステップなのです。

POINT! 2. 効果的な相談とは

　効果的な相談とは、「大切にしてほしい」気持ちに気付くことから始まります。そして、Step 1 では**信頼関係**を築き、Step 2 では相談者の側が**受け取る準備**をしてもらうよう働きかけ、Step 3 では**相談者に変化**をもたらす。その結果、悩みや問題が解決したり、そのための一歩を踏み出したりすることができるのです。これが一連の流れです。

この「流れ」を意識せずに、漠然と相談に対応してしまうと、タイミングを間違えたり、時間がかかり過ぎたり、何の進展もない相談になったりしてしまいます。そういった意味では、相談者のためにも、対応する私たちのためにも、相談に対応する全ての人が知っておくべき内容であると考えています。

POINT! 3. なぜそうなるのか？を知る

　相談対応のコミュニケーションでは、「なぜそのような言動をするのか」という理由を明確にすることが求められます。なぜなら、相談とは、場当たり的に対応するものではなく、体系化された一連の流れがある、理論に基づくものだからです。究極的には**対応者の全ての言動には、理由がないといけない**とさえ思います。

　ただ、いきなりそのような究極の姿を目指すのは現実的ではないので、ここでは、相談の三つのステップを利用して、理由を意識していきます。

　【スキル32：ゴール思考を身に付ける】でもお伝えしますが、最終目的から**逆算**して考えていくことによって必要なことを必要なだけ学ぶことができるのです。

　ですから、相談は本来、Step 1 → Step 2 → Step 3 と進んでいくものですが、ここでは「なぜそうなるのか」というプロセスを分かりやすくするために、逆算で考えてみたいと思います。理由が分かれば、自分なりに応用することも可能です。それではさっそく、Step 3 から見ていくことにしましょう。

④ Step3 相談者に変化をもたらす

POINT! 1. 相談の最終段階

あなたは、何のために相談に乗っているのですか。
・会社から言われたから？
・お客さんが話を聞いてほしそうだから？
・相談者が窓口に来るから？
・困っていることを解決するため？

様々な相談に共通する最終段階。それは**「相談者の変化」**です。

相談というのは、何かに困ったり、不安だったり、何かをしたかったり、分からなかったり…という、相談の背景・理由というものを抱えています。それで相談に行くことで、その状況を変えたいとか、何か良いきっかけにしたいとか、こうなりたいなどと思っている。つまり変化を求めているのです。

もちろん、ここが困っているから何とかしたいと強く意識している人と、それを意識していない人とがいらっしゃいます（ちなみに、「意識していない」というのは、心の奥底ではそう思っていても、それが表には現れていない状態のことです。心理学の用語では、意識と無意識とか、顕在意識と潜在意識などと言います）。

そのため、相談者によって程度の違いはあります。ただ、**何かしらの変化の期待をしているからこそ、相談者はあなたの前に現れる**。このことは、相談のゴールを考える上で、押さえておきたい重要事項です。

POINT! 2. なぜ、変化なのか？

それでは、なぜ、相談の最終段階が「変化」なのでしょうか。それは、相談のゴールと密接な関係があります。相談のゴールとは、相談者が抱える悩みや問題の解決です（あるいはそのために一歩踏み出すことです）。

相談前にあった悩みや問題が、相談後には解決している。あるいは解決のために進展がある。それはまさに「変化」なのです。

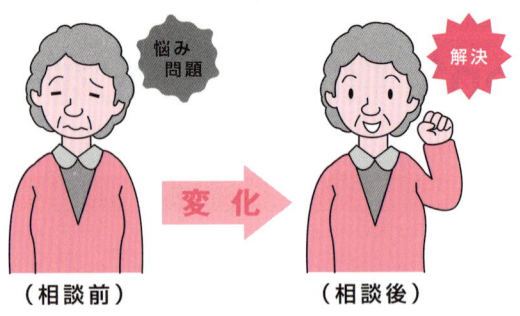

（相談前）　　　（相談後）

POINT! 3. 変化とは何か

それでは、「変化」には、どんな要素があるのでしょうか？

相談による相談者の変化の要素

> ①知識
> ②考え・認識
> ③気持ち（感情）
> ④行動
> ⑤生活・状況
> ⑥余暇
> ⑦環境
> ⑧その他

例えば、①**知識**の変化の例を挙げると…
- ケアマネジャーの説明で、介護保険の手続きについて知ってもらう。
- 看護師の説明で病気に関する知識が増える。

例えば、②**考え・認識**の変化の例を挙げると…
- 丁寧に介護保険の説明をして、保険に対するアレルギーを緩やかにする。
- ヘルパーの専門的な仕事が「介護は身内でするもの」という認識を変える。

例えば、③**気持ち**の変化の例を挙げると…

・社会福祉士への相談で、介護している家族の気持ちが楽になる。
　　　・頼りになる専門職との関係ができたことで、安心した気持ちになってもらう。
　例えば、④**行動**の変化の例を挙げると…
　　　・リハビリの相談をすることで、デイケアに通うようになる。
　　　・経済的、身体的な今後の見通しがついたので、終の棲家を探すようになる。
　　　・相談した結果、様々なサービスを利用（契約）する。
　例えば、⑤**生活・状況**の変化の例を挙げると…
　　　・ヘルパーや介護福祉士が来ることによって、日々の生活に張りが出る。
　　　・便利な道具の使い方を知ることによって、負担が少なく生活できる。
　　　・コンサルタントが関わることで、会社の状況が好転する。
　例えば、⑥**余暇**の変化の例を挙げると…
　　　・髪形や服装を整えることで自信を持ち、小旅行に行くようになる。
　　　・仕事のやり方が効率的になることで、余暇の時間が増える。
　例えば、⑦**環境**の変化の例を挙げると…
　　　・安心して介護が受けられる施設に入ることで、環境が改善する。
　　　・介護サービスを整えることで、一人でも暮らせる環境にしていく。
　　　・付き合う人が変わることで、周りの環境も変わっていく。

4. 相談の前後で「全く同じ」はあり得ない

　変化ということはつまり、相談に来る前と相談を受けた後では、何かが変わっているはずで、全く同じというわけではありません。逆に言うと、相談に来ても一切変化がなければ、その相談の意味や意義が分からなくなってしまうのではないでしょうか。

　そう考えると、相談の最終段階が「相談者の変化」ということも納得できるかと思います。

5. 偶然に頼らない相談

　そして、相談者の変化をゴールとした時に、大切な要素があります。それ

は、相談者は決して、何の反応もない壁に向かって話しているわけではないということです。

相談を受けることで、あなたは様々な反応を示します。その**あなたの反応で、相談者に伝わるものがある**、ということなのです。つまり、相談を受ける私たちの反応や働きかけが、相談者を変化へ向かわせる（あるいはどの方向へ変化させるかの）大きな要素なのです。

しかも、相談者という相手をコントロールするのは難しくても、私たちの反応や働きかけは自分でコントロールできます。コントロールできるということは、ある意図を持って反応し、その結果を得られるということ。つまり、スキルやノウハウを使う余地があり、そのことで相談の確実性が上がるということなのです。ここが、「相談力」の大きなポイントです。**意図的に私たちの言動をコントロールすることによって、相談者に変化をもたらすことができる**のです。

相談とは相談者が色々話して相談する、というベクトルだけではなく、相談することによって、相談を受けたあなたから相談者に伝わるというベクトルも含め、双方向のやり取りなのですね。この双方向のやり取りこそが相談のコミュニケーションです。

以上から、相談とは、「相談者の様々な変化を目的に行う、コミュニケーションを用いた働きかけ」と言うこともできるのです。

5） Step2 相談者に受け取る準備をしてもらう

POINT! 1. 変化するために必要なもの

　相談の最終段階は「相談者に変化をもたらす」ことであるとお伝えしました。しかし、「変わる」というのは、それなりに大変なことです。人間の潜在意識には、元々変化を歓迎しない現状維持が刷り込まれていますし、**変わるにはパワーが必要**です。

　変わろう変わろうと言って、なかなか変わらない人があなたの周りにもいませんか。例えば、太り気味で運動しなくてはいけないのに、運動習慣がなくて、「明日からやる」と言い続けて結局運動しない人が多いのも、習慣を「変えること」がいかに難しいかということを表しています。

　変わるためには、それなりの準備が必要なのです。「変われ」と一方的に言ってみたところで、残念ながらなかなか変わることはありません。

POINT! 2. あなたにもありませんか？

信頼関係はあると思っていたのに、
　・お客様に一所懸命説明したことが、全然通じていなかった…
　・重要なアドバイスをしても、聞いていない…
　・相談者に働きかけをしても、心に響いていないようだ…

　上記のようなこと、あなたにもないでしょうか。これらの原因は、相談者の側に**「受け取る準備」**ができていないためです。変わる上での「準備」が、相談者の側にできていないといけないのです。

POINT! 3. 受け取る準備とは

　その準備をもう少し具体的に言うと、私たち相談を受ける側の働きかけを「受け取ろう」と思ってもらう、心の準備をしてもらうことです。例えば、「聞き流す耳」から、「聞く耳」になってもらうのです。私たちの普段の人間

関係でもそうですよね。この人の話は聞こうと思っても、あの人の話は右から左へ…ということはよくあることです。

例えば、あなたが、絶世の美女・美男子で性格も良い人と交際できるかもしれない状態になったとします。ただの知人に「やめた方がいい」と言われても、「何だよ！」と思うだけで全然耳に入りませんよね。むしろ自分に嫉妬しているのではないかとか、嫌がらせしているのではなどと勘ぐってしまいます。

一方、昔からの親友に同じことを言われると、「いったいどういうことなんだろう？」と真剣に考え始めますよね。この場合、ただの知人というのは知っているだけで、話を聞こうという心の準備はできていないのに対し、昔からの親友の話は**真剣に受け止めよう**という心の準備ができている状態なのです。

つまり、効果的に相談を受ける（＝相談者の変化につなげる）ためには、相談者の側の準備、私たちのアドバイスや働きかけを「受け取る準備」をしてもらうことが重要なのです。

POINT! 4. 意外と見過ごされがちな「受け取る準備」

信頼関係はできているのに、上手くいく相談とそうでない相談がある。その違いは何だろうかと考えた結果、相談者の側に「受け取る準備」ができている時は、**相談がスムーズにいく**ことに気付きます。

例えば、「受け取る準備」ができていれば、相談の雰囲気（相手の目線やうなずき具合）も違うし、話も通る。聞きたいポイントを質問してくれることもあります。

逆に、そうでない時にはかみ砕いて説明しても、ちぐはぐでかみ合わなかったりするのです。私たちが同じ労力で対応しても、相談者の気持ち次第で（つまり受け取る準備ができているかどうかで）、効果はずいぶん違ってきます。

信頼関係のみが強調され、意外と指摘されていない部分ですので、しっかりとそのステップを意識しましょう。

POINT! 5.「受け取る準備」をしてもらうには

　もう少し深く、この「受け取る準備」について考えてみましょう。それでは、どういう状態になると、「受け取ろう」と思うのでしょうか。

「受け取る準備」をしてもらう二つの要素

> ①信頼関係
> ②受け取るに値する理由

　一つ目は、「この人なら大丈夫！」と信頼した時です。相談者との信頼関係が基礎になって、相談者には「受け取る」準備ができるのです。

　恋愛や夫婦関係でもそうですが、信頼関係というものは、すごいパワーを秘めています。目線だけで会話が通じたり（まるで恋人のように）、あうんの呼吸でタイミングが合ったりします。信頼関係が深くなると無意識の部分で同調（シンクロ）するからです。

　そこまでいかなくとも、交際についてのアドバイスの例でも挙げた通り、受け取ろうと思うには、**信頼関係が基礎**になります。昔からの親友とは信頼関係がありますからね。

　そして二つ目は、信頼関係に「受け取る理由」をプラスすることです。信頼関係だけでは、なかなか「この人の話なら聞いても良い」とか、「この人に尋ねられたことはまじめに考えよう」などとは思わないものです。そこで、「この人の話だったら聞いても良い」という感情になってもらうために、相談者に**理由付け**をしてもらいます。

　その最も標準的な方法とは、私たちが、相談者の解決したい悩みの専門職であることを伝えることです。恋愛なら誰もが経験しているし、親友に相談しやすいですが、親の介護やリハビリについて、何の知識も経験もない人から意見をもらおうとするでしょうか。愚痴をこぼすことはあるとしても、意見やアドバイスをもらおうとはたとえ親友でも思いませんよね。

　そこで信頼関係にプラスして、「受け取るに値する理由」が必要になるのです。

POINT! **6. 待っていてもダメ**

　しかし、ただ流れに任せて放っておけば、自然と信頼関係ができ、専門職であることを伝えられるのでしょうか。残念ながら、そういうわけにはいきません。**相談を受ける側である私たちからアプローチ**していく必要があるのです。

　ここで「アプローチ」と一言で言っても

　　・言葉で伝える

　　・態度で示す

　　・人づてで伝える

など様々です。

　「アプローチ」の方法は３章で詳しくお伝えしますが、ここでは少なくとも、信頼関係を作り、受け取る理由をもたらすのは私たちである、ということは押さえておいて下さい。

　仕事で相談を受ける場合は、初対面が多いですし、一回の相談である程度の結果が求められます。そのためには、少しでも確実に信頼関係を作り、話を聞く準備をしてもらいたいところです。

6 Step1 信頼関係を築く

POINT! **1. 信頼関係の第一歩は**

　相談者との信頼関係ができれば、相談者には「受け取る」準備ができる。そのために相談を受ける側からアプローチするというところまで話が来ました。それでは、どうやったら初めて会った相談者に信頼してもらえるのでしょうか。

　その信頼の第一歩が、相談者の「大切にしてもらえている」という実感なのです。

　「大切にしてもらえている」とは、相談者がひとりの人間として認められ、尊重されていると実感すること（これは言葉では簡単ですが、実際やってみると色々なものが邪魔をして、意外と難しいです）。

　つまり、**他の誰かではない、私だけを見てくれている**、と実感してもらうことが、信頼関係の第一歩なのです。あなたも、自分だけのことを見てくれて、理解してくれる人に出会えると、嬉しくありませんか。それは相談者も同じなのです。しかも、嬉しいだけではなく、そのように接してくれる人には信頼を寄せるのです。

POINT! **2. 大切にしてもらえると信頼する**

　例えば、初めて行った美容室で、初めて会った美容師さんが、しっかりと髪形の希望や髪質、体型や性格などを理解してくれたらどうでしょうか。「この美容室は信頼できる。また来よう」と思いますよね。

　オーダーメイドのサービスの基本は、本人や希望の把握をして、それを受け入れること。これに尽きます。この出発点がおろそかになってしまうと、どんなに素晴らしいサービスを提供してもお客様は満足しません。美容室もオーダーメイドのサービスですから、ここまで理解してくれれば、完成する髪形に満足できる可能性は高まります。そんな美容師さんなら、嬉しいし信頼するのではないでしょうか。

逆に、適当に扱われたと思うと、的を射ていることを言われても、なかなか素直に受け取る気分にはなれません。聞く以前の問題で、気分が悪いですよね。だから相談では、ある程度早く、信頼関係を作らなければいけません。信頼関係があって初めて相談の内容の話になると言えます。

POINT! 3. 相談者一人ひとりを尊重して大切にしたい

そのためには、私だけを見て、理解してくれているという実感が必要なのです。それを一言で表現すると**「大切にしてもらえている」**という言葉になります。この「大切にしてもらえている」という実感は、とても深い言葉で、相談力の話をしていると、「全てはそこから始まり、そこに帰ってくる」とも言うべき大事な感覚です。

それではいったい、どのようにすれば「大切にしてもらえている」と実感してもらえるのでしょうか。それを考え、実践することが「相談力」なのです。心理学やカウンセリングをベースとした技術は色々あります。

もちろん、多くの相談で効果を上げるには、様々なテクニックも必要ですが、その前提となるマインドや気持ちは、私たちにとって欠かせないものなのです。ここで言うと、相談者一人ひとりを尊重して大切にしたいという気持ちです。

POINT! 4. テクニックに偏ると違和感が伝わる

あなたの周りにいませんか、気持ちよりテクニック先行の人。解説書か何かで「会話は繰り返すと良い」ということを読んで、オウムのように繰り返しているけど、それが耳につく人。**技術は表面的にマネをしても効果が出ない**のです。

特に相談では、相談者の気持ちの部分が重要になるため、人と人が相対する相談の場面で、表面的なテクニックは相手に違和感を起こしますし、何より相手に失礼です。逆に技術を使いこなす**マインド**がしっかり固まっていれば、「そのためにどうすればいいのか？」と考えることで、あなたならではの相談方法が作られていくことにもつながります。

7) スキルを学ぶ

POINT!　1. 私たちに必要なのは、気持ちとスキルの両方である

　これまで相談において最も重要な気付きとして、相談者は「大切にしてほしい」という気持ちを持っていることに気付くこと。そして、相談には流れがあり、三つのステップに集約されることをお伝えしてきました。

　「全体像は分かった。だから早くスキルを知りたい！」と思うかもしれませんね。しかし、スキルを学ぶ前にもう一度、確認しておきたいことがあります。それは、相談対応に必要なのは、**気持ちと技術の両方**であること。

　「相談者の役に立ちたい」「困った人を助けたい」。このような思いは、専門職の中ではともすると軽視されがちです。なぜなら、思いだけではプロの相談はできないからです（だからこそ、本書もスキルの解説にページを割いています）。しかし、「同時に」このような思いを忘れずにいることも重要だと思うのです。

　それは、相談が深刻になればなるほど、相談者の感情が強くなればなるほど、テクニックだけでは語れない、「魂と魂の交流」のようなものになるから。言ってしまえば、最後は**真剣さや「人間力」**の勝負になる側面もあるからです。

　相談者は本気です。本気で困り、本気で解決したいと相談に来ます。それを小手先のテクニックだけで対応しては、見透かされてしまい、結局上手くいかないという事態に陥ってしまうのです。特に、テクニックの効果を実感し相談が上手くいき始めると、忘れてしまいがちですので、気を付けて下さい。

POINT!　2. 同じ相談など、ない

　そして、もう一つ。忘れてはならないことがあります。それは、相談者は千差万別で、決して同じ相談などないということ。

　本書のように分かりやすく相談コミュニケーションのスキルを体系化する

と、まるでマニュアルのように、書いてあることだけその通りにすれば良いと思われがちです。しかし、それは違います。これから紹介するスキルも、**時と場合によって使い分ける**べきものですし、相談者によっては、逆効果となるものさえあったりします。それをどのように使うのかというのは、相談者の前にいるあなたが判断することなのです。

本書では、どのような場合に使うと効果的なのか、ということまで可能な限り解説していますので参考にして下さい。また、「なぜそうなのか」という理由にこだわっているのは、やみくもにスキルを使うのではなく、時と場合に応じて活用してほしいという私の思いの表れです。理由を知ることは、その原理を理解するということ。原理を理解すれば、**自分なりのコミュニケーション**を考えたり、相談者によって使い分けたりすることができますから。

POINT! 3. 相談スキルの扉を開けよう

とは言っても、相談対応に有効なスキルはたくさんあります。それを学ぶことで、効率良く、相談者のためになる相談をすることができます。そのことを通じて、**相談コミュニケーションの素晴らしさ**を実感してもらい、一生の仕事として続けてもらえたら嬉しいです。

さあ、私と一緒に、相談スキルの扉を開けましょう。

3章 「相談力」スキルアップ 36

① 相談を受ける専門職（プロ）として

> 相談窓口に異動してきて2週間。研修期間が明け、今日からひとりで相談を受けることになった。介護保険制度のことはバッチリ勉強したし、申請書の書き方もマスターした。保険外のサービスについてもパンフレットを読み込んで、予習は結構頑張ったと思う。さて、相談者の方が来たぞ（ドキドキ）。

相談者:「ちょっと相談したいんだけど…」

あなた:「はい。どうぞ。」

相談者:「いや～ね。うちのおじいちゃんのことなんだけど、何か最近ちょっと様子が変なのよね。突然旦那のことを怒鳴ったり、うちの娘の部屋に入って引き出しの中を見たり。この前なんて、私の名前を死んだおばあちゃんと間違えたのよ！　何ていうか、ショックよもう！　やっぱりボケてるのかしら？　私どうしたらいいの？　介護なんて絶対イヤよ。PTAの役員だってやってるし、娘の塾の送り迎えもあって忙しいんだから。」

あなた:（うわ～　一気に話してくるな～）
「介護保険、申請しますか？」

相談者:「そうじゃなくて、私イヤよ介護なんて。もともと親の面倒見るなんて聞いていないんだから。うちの旦那の稼ぎが悪いから、しょうがなく同居しているだけなんだから。」

あなた:（弱ったな～　全然聞いてくれないや）
「だから先程言いましたように、介護保険というのがありまして…」

相談者:「そうじゃないって言ったでしょ！　もういいわ。そんなこと聞きに来たんじゃないんだから。」

あなた:（あれ？　突然立ち上がって、帰っちゃったよ…。そういえば、相談の対応って、いったい何をすればいいんだ？　予習した説明までたどりつかないよ）

スキル1　1. 相談を受ける専門職（プロ）として
相談スイッチをONにする
－非日常の世界に入るには－

POINT!
1. 相談には日常会話とは違うルールがある
2. 相談スイッチをONにしないとどうなるのか？
3. 相談スイッチをONにする＝「相談モード」と「集中」
4. 相談スイッチをONにする方法1：きっかけを作る
5. 相談スイッチをONにする方法2：集中できる環境を整える

POINT! **1. 相談には日常会話とは違うルールがある**

　私たちは相談を受けます。相談者と同じ時間や場所を共有し、抱えている悩みや問題について聴いていくというシチュエーションは、普段の日常会話とは違う、少し特別な場面です。

　相談者にとってはもちろん、**相談するというのは非日常**なことですし、相談を受ける私たちにとっても、それは同じことです。だからこそ、日常的なコミュニケーションとは違う、相談ならではの作法やスキルがあるのです。

　例えば、オーダーメイドの対応をするために、まず相談者の話を聴くという作法がありますが、普段の日常会話では相手の話を聴いてばかりではありません。適宜、私たちの好きなタイミングで、言いたいと思ったことを話したりします。また、どちらかというとおしゃべり好きという人だっています。それは日常会話ですから、自由なのです。

　しかし、相談には相談者に変化をもたらし、**現状を変えていくという目的**があります。そのために効果的な作法やスキルがあり、相談のプロには、それらを駆使することが求められます。

　相談の作法やスキルを活用して効果的に相談に対応できている人というのは、相談スイッチをONにすることで、**日常会話と相談を区別**しています。ついプライベートの素の自分で会話してしまうという方は、「相談スイッチをONにする」ということを意識してみましょう。

POINT! 2. 相談スイッチをONにしないとどうなるのか？

まずは、相談スイッチをONにしない場合に、どんな対応になってしまうのかを見ていきましょう。

- 素のまま相談を受けている
- 意図的な対応ができない

「素のまま」というのは、飾り気のない良い意味の言葉に聞こえます。しかし、意図的に自然な感じを演出している場合をのぞき、相談ではあまり良くありません。

例えば、俳優が「自然な演技」をすることはありますが、それは決して「素のまま」ではありませんよね。あくまでも「素のままに見える」ように、**自然な演技**をしているわけです。相談でも同じように考えて下さい。

- 心の準備ができていない
- 感情の整理ができていない

相談者は色々な話をします。それを私たちは選ぶわけにはいきません。もしかしたら、あなたが聞きたくない話や苦手な話題の可能性もあります。そんな時に動じてしまい、しどろもどろになったり、慌ててしまったりしては、その先の話を、冷静に聴くことはできなくなってしまいます。

また、プライベートでトラブルがあったり、イライラしていたりしても、相談者には関係ないわけですから、それはそれで、一旦意識の外に置いておく必要があるのです。

- 雰囲気や感情に呑まれてしまう

相談で使える時間は有限ですから、相談者の話が止まらなかったり、ひたすら本題ではない話をされたりした時には、適切なタイミングで話を止めることも必要となります。

その切り返しにはパワーが必要なので、相談スイッチがONになっていないとその時期を逃し、ずるずると話を聞くことになってしまいます。

逆に、聞き取りが不十分なのに、感情的になってしまい、不必要な言葉がけや時期尚早なアドバイスをしてしまう可能性もあります。

- 細かいことに気付かない

細かい部分を観察し、それに気付くことは相談では大事なことです。しかし、相談スイッチを入れずに、漫然と相談を受けていてはなかなか気付くこ

とはできません。

　これらを一言で言うと、相談に集中できていない状態と言えます。ベテランの人でも、疲れていたり、時間に追われていたりすると、ほんの少しの気の緩みから、スイッチをＯＮにし忘れてしまうので気を付けていきましょう。

相談スイッチがＯＮになっていない対応	相談スイッチがＯＮになっている対応
・素のまま相談を受けている ・意図的な対応ができない ・心の準備ができていない ・感情の整理ができていない ・雰囲気や感情に飲まれてしまう ・細かいことに気付かない	・意図的な反応ができている ・心の準備ができている ・感情の整理ができている ・慌てずに相談対応できる ・プライベートや個人的事情とは別に、気持ちを切り替えて話を聴ける ・ここぞという時に話に入れる ・間延びせず、引き締まった相談ができる ・細かいことに気付くことができる

POINT! 3. 相談スイッチをＯＮにする＝「相談モード」と「集中」

　それでは、具体的に「相談スイッチをＯＮにする」とは、どんなことなのでしょうか。これには二つの要素があります。

　一つ目は、**頭を「相談モード」に切り替える**、ということです。

　例えば、役者が演技する時は、素の言葉遣い・考え方ではありません。熱血漢の警察官なら、そのような言葉遣い・考え方になります。そして役者は、常に演技しているわけではありません。よく「役に入る」と表現するように、素の自分から、役の自分にモードを切り替えているのです。

　同じように私たちも、素の言葉遣い・考え方ではなく、相談コミュニケーションならではの、言葉遣い・考え方になるために、頭を「相談モード」に切り替える必要があるのです。つまり、これからお伝えする様々なスキルを、いつでも使えるように心構えをしておくということです。

　そして、相談中は**相談に集中**しなければなりません。二つ目の要素は、集中状態に持っていくということです。

　これは、相談に対応する私たちにも、相談者にも言えることです。私たちが相談者の話を上の空で聞いたり、逆に、相談者の気が散ってしまったりしては、効果的な相談はできませんから、両者が相談に集中していることが必要なのです。

POINT! **4. 相談スイッチをONにする方法1：きっかけを作る**

　まずは、相談モードに切り替えたり、集中するきっかけを作る、ということです。儀式のようなものをイメージしていただくと良いと思います。

　例えば、自分の100％の力を出すためにスポーツ選手が同じメニューでウォーミングアップをするという話や、ミュージシャンが舞台に上がる前に円陣を組むという話を聞いたことがありませんか。それは、試合や舞台にピークを持ってくるために必要な一番良い準備を定型化することによって、**自然と集中状態に入れるように**しているのです。ある意味儀式のように定型化してしまえば、毎回深く考える必要なく、スムーズに集中できますから。それを相談に応用してみるのです。

　もちろん、長い時間をかけた儀式はできませんが、ちょっとした行動を相談に入るためのきっかけの儀式とすることで、相談スイッチが入るようになるのです。

　具体例をいくつか紹介すると…

> **場所を移動する**
> 　相談する場所に移動することで、その場所に入る＝相談モードに切り替える、というきっかけにします。
>
> **音楽を聞く**
> 　通勤時や訪問先への移動中などに、きっかけとなる音楽を聞くという方法です。相談ではありませんが、私は講師をする時に、移動中にテンションが上がる音楽を聞いたりしています。
>
> **お決まりの言葉やしぐさを使う**
> 　例えば、椅子を指して「こちらの奥の席におかけ下さい」と言ったり、会釈して「相談を担当しております○○と申します」と言うなど、お決まりの言葉やしぐさをきっかけとするという方法です。いつも行っている言葉やしぐさを、ここから相談に入る儀式なんだと意識することによって、スムーズに相談の世界に入れるのです。
>
> **服装を変える**
> 　例えばネクタイをキュッとしめたり、ジャケットを羽織ったり、服装を変えることをきっかけとします。女性であればメイクを直す

こともきっかけとして使えるかもしれません。

> 小物を使う
>
> 　相談専用のノートやペンを使ったり、胸に名札を付けたり、首から下げたり…。小物を意識することで、きっかけとして使います。

　大事なのは、あなたが相談モードになり、集中するということですから、上記以外にもご自身に合ったものを探してみて下さい。

POINT! 5. 相談スイッチをONにする方法2：集中できる環境を整える

　次に、集中できる環境を整えるということがあります。集中できる環境とは、相談以外のことの影響が少ない環境ということです。

　例えば、暑すぎたり寒すぎたり、騒がしかったりすると、お互い（相談者も私たちも）相談に集中できませんよね。また、机の上が雑然としていたり、相談を受ける部屋が散らかっていたりしても、色々なものが目に入ってきて集中できないと思います。そういった相談以外の要素の影響は意外と大きいので、集中するために**環境を整備する**ことは重要なことなのです。

　また、環境という意味では、私たちの脳内環境も大事です。相談以外のことが頭の多くを占めてしまっていれば、どうしても上の空になったり、感情的になったりしてしまいます。相談時だけで良いので、一旦他のことは忘れたり、普段からメンタルなケアを心がけておくなどの対策が必要になってきます。**相談では、私たちが安定していることが大事**です。

スキル2　1. 相談を受ける専門職（プロ）として
相談者を主役におく
－相談者に焦点を合わせる－

POINT!
1. 相談者にピントを合わせる
2. 相談者との関連を伝える
3. 対談ではなくインタビューに
4. 先生ではなくツアーコンダクターに

POINT! 1. 相談者にピントを合わせる

　あなたは、カメラのピント合わせ機能（オートフォーカス）を使ったことがありますか。ピントを合わせたいものを視界に入れて、シャッターボタンを半押しします。すると、ピピッといってピントが合うという機能です。これをしないと、いわゆるピンボケした写真となってしまいます。相談でも、ピントを合わせることが大事です。つまり、しっかりと**目の前の相談者に焦点を当てないといけない**のです。

　では具体的に、ピントを相談者に当てるとは、どういうことなのでしょうか。それは、テキストを読むような一般論ではなく、**相談者の悩みのポイントや状況**を把握して、その上で、相談者に必要な範囲で（あるいは理解できる範囲で）説明したり、質問したりするということです。

　例えば、あなたが、身体の調子が悪くて病院に行ったとします。そこのドクターが、ろくに話も聞かず、検査もせずに病気について語り出したら、どうでしょうか。

　「いやいやいや…　そんな話いらないから、私の話を聞いて、必要なら検査して、ちゃんと診断してほしい」と思いますよね。

　医療は当然、個人の治療をするというオーダーメイドのサービスです。それは相談でも同じ。相談の目的とは、他の誰でもなく「相談者が」抱えている悩みや問題の解決ですから。

　だからこそ、きちんと相談者に焦点を合わせ、おかれている状況や抱えている思いを聴く必要があるのです。また、私たちは相談を受けている存在と

して、真剣に問題解決のための手伝いをするわけですが、最終的な問題解決に対する責任（どのような方法で解決するのか）は、主役である相談者が負っているとさえ考えます。

しかし、実際の相談の中で、相談者を主役にしていくのは意外と難しいものです。それは、私たちは専門職だからこそ、見えてくるものがあるし、その知見を伝えたくなってしまうためです。

POINT! 2. 相談者との関連を伝える

上記をふまえ、専門職として私たちから話をする場合は、いくつかの注意点があります。

一つは、相談者の話を聞いた上で、それに合った話をする、ということ（相談者が「聞きたい話」、相談者に「必要な話」は何か？　と察知するのが大切です）。

病院であれば、患者は、自分の症状の原因や、対処法を知りたいですよね。同じように、相談者は**自分の状況における、説明や解決方法**を知りたいのです。ですから、相談者に直接関係ある話をして下さい。

そして二つ目ですが、一般論は相談者の状況と関連づける、ということ。

相談者に合わせた話をしていく上で、前提となる知識を伝える場合があります。例えば、転んで入院した高齢者の退院準備の際、介護保険の認定について一般的なしくみや内容を説明する場合などです。この場合、相談者が直接知りたいのは、準備のための行動や退院後利用するサービスですが、その前提として、介護保険の知識が必要になるのです。

そういった**一般論は、相談者の状況と関連づけて話して下さい**。例えば、一般論を説明した後、すぐに「○○さん（相談者）の場合では…」と個別の話に持っていくなどです。なぜなら、一般論だけでは記憶に残りにくいですし、他人事のように感じてしまうので、相談者の主体的な理解には結びつきにくいからです。

POINT! 3. 対談ではなくインタビューに

ここでは相談者を主役におくというイメージを持ってもらうために、二つ

の失敗・成功パターンを紹介します。

失敗パターン	成功パターン
対談になってしまう	インタビューをする

〈失敗パターン〉対談になってしまう

　対談とは、個性と個性のコラボレーションです。例えば、雑誌で有名作家と音楽家が対談して、芸術論について意見を交わす…というような企画がありますよね。対談の場合、主役は誰でしょうか。それは二人ともです。やり取りの中でインスピレーションを得て、お互いが言いたいことを話すわけで、相談とは違います。

　しかし、相談者の話にインスピレーションを得て、持論を得意気に話してしまう、ということはよく見られる場面です。意識していないと、**ついやってしまいがちな失敗**なのです。

〈成功パターン〉インタビューをする

　対談という失敗パターンに対し、成功パターンはインタビューです。インタビューとは、個性のクローズアップ。例えば、テレビ番組で、記者が映画監督にインタビューする…というようなことありますよね。インタビューの場合、主役は当然、インタビューされる人です。インタビュアーは、主役の個性を引き出すために、様々な質問をしていくわけです。

　その中では、**いかに気持ちよく話してもらうか**、ということが大事になります。だから、新作映画の撮影の話とか、趣味の話など、主役が話したいことを聴きながら、少しずつ本質（インタビュアーが明らかにしたいこと）に迫っていくのです。

　ここでは、**インタビュアーの個性が表に出る必要はありません**（主役の個性の引き出し方にその人らしさはあるかもしれませんが）。相談も同じようなイメージで、相談者の気持ちを大切にしながら、質問を重ねていきます。

POINT! 4. 先生ではなくツアーコンダクターに

失敗パターン	成功パターン
先生になってしまう	ツアーコンダクターになる

〈失敗パターン〉先生になってしまう

　これは私たち相談を受ける者と相談者との関係が、教師と生徒のようになってしまうことです。教師と生徒の関係とは、生徒は教師に教えを請い、教師はそれに応えるという関係です。

　例えば、ダイエットに悩む女性が相談した場合に、「一日の摂取カロリーを○○kcalにして、間食は禁止。食物繊維を摂って、便秘は解消しましょう。運動は毎日30分以上のウォーキングを継続して下さい。」としか答えを得られなかったとしたら、これは「先生」ですよね。ダイエットの先生に教えを請おうとしている「生徒」である相談者は、それに従うしかないわけです。

　この関係は、主役が相談者であると言えるでしょうか。そうではないと思います。相談者には色々な状況や事情があるわけですし、実際に解決していくのは相談者です。だから、**一方的に解決策を提示しても、現実に問題を解決することとは、直接つながっていかない**のです。

　このパターンは、相談者が抱える悩みや問題については私たちの方が情報量・経験等はありますから、ついつい陥ってしまいがちな失敗です。気を付けましょう。

〈成功パターン〉ツアーコンダクターになる

　ツアーコンダクターとは、添乗員やガイドとも呼ばれ、旅行先の現地情報をくれたり、観光の相談に乗ってくれたりする人です。

　旅行の主役は当然に旅行者です。ツアーコンダクターは、見所をアドバイスしたり、役に立つ現地情報を提供してくれたりしますが、**決して強制はしません**。旅行者の趣味嗜好や旅行の目的、資金などは様々ですから、最終的にどこをどのように見て回るかは、旅行者が決めます。ツアーコンダクターは、その手伝いをするわけです（どんなに歴史的価値のあるお城があっても、興味がない人にとっては観光の対象ではないですから、それを踏まえて、アドバイスしてくれるのです）。その関係性は、相談と同じなのです。

　例えば、上記のダイエットの例で言うと、一方的に解決策を提示するのではなく、相談者の状況を聞きながら、それに合わせたものを色々と提案していきます。なぜなら、現実的に問題解決するためには、正しい解決策かどうかとともに、主役である**相談者が実現できるものなのか**についても考える必要があるからです。

スキル3　1. 相談を受ける専門職（プロ）として
相談をエスコートする
－相談は組み立てるもの－

> **POINT!**
> 1. スマートな相談とは
> 2. 相談を組み立てる
> 3. 事前に情報を得ておく

POINT!　1. スマートな相談とは

　相談というのは、心理的な技術を駆使する専門的な一面や、時には様々な人間関係の力学を使ったりして泥臭い一面もあるのですが、もちろんそういう相談だけではありません。

　むしろ、日常的には、しっかりと聴き、分かりやすく話すという基本だけで対応できます。ここでは、そういった日常的な相談をいかにスマートにするか、という話をしたいと思います。

　まず、スマートな相談とは、どういった相談なのでしょうか。それにはまず、相談の流れが**ぎくしゃくしない**ことが挙げられます。相談者も相談を受ける私たちも、お互いが何を話せばよいか分からない…などという状況は、できれば避けたいものですよね。

　そして、**話が飛ばない**ことも挙げられます。相談者が、話のつながりや相談の流れの全体を意識しながら話すというのは難しく、また、相談者の話を引き出すという意味でも、変に気を遣わずに、思うがまま話してもらった方が良いのです。しかし、どうしても話があっちこっちに飛んでしまって相談の中身自体がこんがらがってしまうことがあるので、そうならないようにする必要があります。

　後は、**必須事項を押さえている**ということもスマートな相談の条件です。私たちが相談で目指しているのは、相談者が抱えている問題の解決です。そのためにはしなくてはならないことがあります。それは、伝えておかなくてはならない「説明」かもしれませんし、渡さなければならない「書類」かもしれませんし、聞いておかなければならない「要件」かもしれませんし、と

らなくてはならない「手続き」かもしれません。それらの必須事項は押さえておかなければいけませんよね。

といっても主役は相談者ですから、一方的に話を先導するわけにもいきません。あくまでも**エスコートしつつ**、これらをクリアしている相談がスマートな相談なのです。

POINT! 2. 相談を組み立てる

それでは、いかにスマートな相談にするのでしょうか。スマートな相談をするには、相談の流れを**相談者任せにするのではなく**、相談を受ける私たちが、相談を組み立てていくことが必要になります。

「相談を組み立てる」と言葉にするのは簡単ですが、様々な会話の中で、臨機応変に話の流れを組み立てていくのは、なかなか難しいものだと思います。だからここでは、誰でもできる、話の組み立てのコツをお伝えしたいと思います。それは、相談が本格的に始まる前に、**相談の流れの「確認」をする**ことです。

「確認」とは、相談の流れを示して、それでよいかの了解をとること。

例えば、介護保険についての相談だとすると、「初めに〇〇様の介護に関するご事情を聞いて、その上で、それに合わせて介護保険の制度について説明し、必要であれば、申請の手続きをする、という流れでよろしいですか？」などと確認するのです。

すると、相談者は、「最初に自分が色々話をして、その上で制度の説明を受けるんだ」「手続きは最後にするんだ」などというように認識します。そのことで、話もずれにくくなりますし、話題が飛んでしまった場合の修正も、相談の流れが共有できているので、楽になるのです。

POINT! 3. 事前に情報を得ておく

この手法は初めて会う相談者にも使えますが、できれば事前に、簡単な相談内容が分かっていると、より具体的に流れを示すことができます。

飛び込みの相談では難しいかもしれませんが、予約をとってもらう場合などは、あらかじめ簡単に、相談内容についてお聞きしておきましょう。

スキル4　1. 相談を受ける専門職（プロ）として
話の三つの要素を把握する
－事実・推定・感情－

> **POINT!**
> 1. 話の三つの要素を知る
> 2. 「事実」とは何か？
> 3. 「推定」とは何か？
> 4. 「感情」とは何か？
> 5. 「事実」と「推定」を区別し、「事実」で"Yes"を引き出す
> 6. 「推定」や「感情」を「事実」に変換する

POINT! 1. 話の三つの要素を知る

　オーダーメイドのサービスを提供する時は、お客様のことが分からないといけません。洋服で例えると、ＳやＭなどの既製のサイズではなく、身体にぴったりのサイズということですからお客様の身体を測定しないと始まりません。ここでは相談という、オーダーメイドのサービスを提供する上での、話を聴くポイントをお伝えしたいと思います。

　まず初めに分かっていただきたいところは、**相談者の話は、まとまっていない**、ということです。相談者は何らかの悩みや解決したい課題を抱えています。つまり、冷静に自分のことを分析したり、課題を整理したりできない状態なのです。だから、相談者が話す内容というのは、まとまっていないことが多いのです。この、**まとまっていない話を整理する**ことも、相談に対応する私たちの大切な仕事の一つなのです。

　話がまとまっていない、ということはどういうことなのでしょうか。それは、様々な要素が混ざっているということ。例えて言えば、色や材質の違う毛糸が絡まっているような状態です。だからこそ、そのまま鵜呑みにはできないですし、話を聴く側の私たちは、話を聴く一方で、頭を働かせて、**「今は何の話で、それはどんな要素なのか？」**ということを意識する必要があるのです。

　それでは、その要素とは、どんなものがあるのでしょうか？　ここでは、

三つの大事な要素を取り上げます。一つは、**「事実」**。もう一つは、**「推定」**。そして三つ目は、**「感情」**。この三つの要素です。

POINT! 2.「事実」とは何か？

「事実」とは、**解釈の余地がないことがら**です。例えば洋服だったら、身長・体重・肩幅・手足の長さ・胸板の厚さ等のサイズ（○○cm）が「事実」にあたります。測る人の解釈で、サイズが変わることはないからです。事実は変わらないし、変えられません（現在の体重は変えられないですよね…それが「事実」なんです）。

だからこそ相談の分析の基礎となるし、話も現実的になるのです。他にも、介護の相談で、「今日退院してきた」ということも事実ですし、「糖尿病の薬を飲んでいる」ということも事実です。

POINT! 3.「推定」とは何か？

「推定」とは、事実ではないことがらです（あるいは事実かどうか分からないことがら）。ですから、そこに**解釈や判断が入ってきます**。

例えば洋服だったら、

　「着痩せして見える」（それは個人の判断）

　「赤が似合うとよく言われる」（これも人によって違います）　など

「推定」とは不確定要素があるものなので、伝聞や予想なども「推定」にあたります。

注意点は、「事実」と混同しないこと。確実性のある事実と、不確定要素がある「推定」を混同してしまうことが相談者の話を整理できない原因の一つなのです。

POINT! 4.「感情」とは何か？

「感情」とは、相談者の**心や気持ち**の部分です。「何があったのか？」とか「どういう状況なのか？」など、「事実」を初めとすることがら（事象）に注目しがちですが、その背景でもあり、反応でもある「感情」についてもとて

も大事な要素です。

例えば洋服だったら、

「格好良くなってモテたい」

「スマートな体型に見せたい」

「オーダーは初めてだから不安がある」　など

相談者は色々な気持ち、感情を持って来店します。その感情について、話を聴きながら把握するのです。ここに応えて初めて、**質の高いオーダーメイド**のサービスになります。

相談の最終目的は、様々な相談者の変化ですから、その変化をもたらすには、「感情」の動きを把握することは非常に大事なことなのですね。

なぜなら、「困った」から「解決しよう」に、「今のままでよい」から「変わろう」に、**「気持ちが動く」ことで相談者は変化する**からです。話を聴く時のポイントとして、三つの要素を区別して話を聴き、まとまっていない相談者の話を整理していくことが重要ということをお伝えしました。まずはこの三つを意識し、混同しないように気にしながら相談者の話を聴いてみて下さい。

POINT! 5.「事実」と「推定」を区別し、「事実」で"Yes"を引き出す

想像や予想、判断などと違って、「事実」には不確定な要素は入りません。不確定な要素が入らないということは、相談者と相談を受ける私たちの間で、同意がとりやすいということです。なぜ同意がとりやすいということが問題になるのかというと、相談者との信頼関係の構築に役立つからです。

話を整理していく過程（特に相談の初期）では、**"Yes"の積み重ね**が重要になります。なぜなら、特に相談者の感情面において、同じ内容の話だとしても、発する言葉が"No"より"Yes"が多い方が、「この人は分かってくれている」と感じてもらいやすいからです。

だからあえて相談では、聞き取って**整理した「事実」を元に"Yes"と言ってもらえる質問を投げかける**のです。

例えば、認知症の家族の介護で疲れている方の話を聴いていたとすると、

「お義母様は78歳ですか？」

「最近、財布をなくしたと交番に電話したことがあったんですね？」

「お義母様は病院に行きたがっていないんですね？」
「薬はうながさないと、ご自分では飲まないんですね？」
「お義母様は認知症の診断は受けていないんですね？」　など

　これらの質問は、聞き取った「事実」を再度聞いているだけですから、当然"Yes"と答えるものばかりです。事実は変えられませんし、判断の余地もありませんから、相談者は"Yes"と言うしかないのです。
　というように、一つひとつの事実を積み重ね、"Yes"を積み重ねていくうちに、相談者は**感情的にも、理論的にも、話が整理された**と感じるのです。

POINT! 6.「推定」や「感情」を「事実」に変換する

　応用的なこととして、最後に、不確定な「推定」や、「感情」を事実に変える方法もあります。それは、「推定していること」そして「そういう感情を持っていること」は「事実」であるととらえる方法です。
　例えば、上記の例で言うと、
「夫である長男は協力的でないと感じていること」や「介護で自分の時間が全て奪われるのは嫌だと思っている」ということは、相談者が言っていたのであれば、「言ったこと」は事実です。一面的な見方かもしれないので本当に長男が協力的でないのかは分かりませんし、時間が奪われて嫌なのは事実ではなく感情ですが、**「そう思った」「そう言った」のは「事実」**であるととらえるのです。
　しかし、つい口が滑ったのかもしれませんし、たとえそう思ってはいても改めて聞かれると同意しにくい可能性もありますから、あくまでも客観的に解釈の余地がないことがらである本来の「事実」を問いかけるのが原則です。

スキル5) 1. 相談を受ける専門職（プロ）として
観察力で相談者を理解する
－気付きをもたらす目ヂカラ－

POINT!
1. 観察力で情報をゲットする
2. ゲットした情報で仮説を立てる
3. 「見よう」とする意識で観察力をアップする
4. 観察するには冷めた目で
5. 神は細部に宿る

POINT! 1. 観察力で情報をゲットする

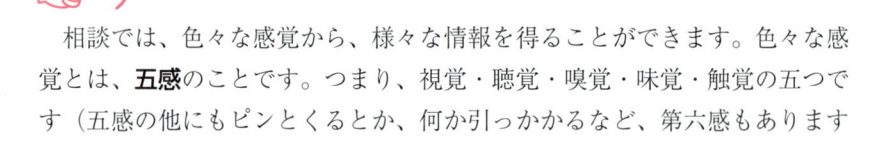

　相談では、色々な感覚から、様々な情報を得ることができます。色々な感覚とは、**五感**のことです。つまり、視覚・聴覚・嗅覚・味覚・触覚の五つです（五感の他にもピンとくるとか、何か引っかかるなど、第六感もありますが）。

　その中でも、最も多くの情報をもたらしてくれるものが、**視覚**です。つまり、見ること、観察することの力はとても大きいのです。

　あなたが一番最近に相談を受けた場面の中で、最初にあいさつをした瞬間を思い返してみて下さい。何が見えるでしょうか。例えば、こんな色々な情報が、見るだけで入ってきます。

ある相談者が部屋に入ってきた時に得られた情報（例）

- 顔の表情（不安げな表情）
- 歩く速度や姿勢（あまり積極的でないのかも）
- 目が合った時の会釈（深々とした挨拶は丁寧な性格か、育ちか、よく思われたいのか）
- 服装（季節に合った、職場に相応な服装ではあるが、少し古くすれている→もったいない精神か、経済的理由か）
- アクセサリー（服装とは少しちぐはぐな、ゴージャス目なアクセサ

- リー）
- 時計（有名なブランドで本物っぽい、あまり使い込んでいない感じ）
- 体型（かなり痩せている、病気が原因か、食べられないのか、もともとか）
- 年齢（どのくらいに見えるか、年相応か）
- 目（目が据わっていて何か決意をしてきたのか、疲れているのか）
- 歯（歯の手入れまでは気を遣っていない様子）
- 女性なら化粧（濃いめの化粧だが、バランスはとれている）
- 髪型、持ち物（鞄や書類の入れ方など）、靴、手、連れはいるか、などなど

　いかがでしょうか？　部屋に相談者が入ってきた、ほんの一瞬でこんなに多くの情報を手に入れられるんですね。しかもこの場合は、相談に入る前の情報です。

POINT! 2. ゲットした情報で仮説を立てる

　上記の例では、事実だけでなく、感情の部分などは**仮説**も含まれます。例えば、歩く速度が遅かったり、姿勢が引き目だったりするという事実から、積極的に相談に来ているわけではない、という仮説や誰かに相談に行くように言われて来ている、という仮説が成り立つのです。

　仮説を単なる想像に過ぎないと無視してしまうか、話を聞いていく指針とするかを考えた時に、私は仮説を、**相談を進めていく指針にした方が効率的**だと思います。慣れてくると、仮説の精度も上がってきますし。相談者が入ってきた時のほんの一瞬でさえ、「観察」を意識していれば、得られる情報はたくさんあります。

　その時間を何もせずに過ごしてしまうよりは、相談の指針となる情報を手に入れてみて下さい。その後の相談が大きく違ってきます。

　また、訪問での相談となると部屋の様子や物品など、見る点がたくさんありますから、さらに情報量が増えます。ただ、慣れないと難しいのが、数ある情報の中で**どれをポイントとして見ていくか**、ということです。

　それは、あなたがしている相談で必要となる情報がどこから得られること

が多いかを検証してみることや、実際に様々な情報から仮説を立ててみて、その結果を積み重ねることが必要になります。しかし、基本となるのは、なるべく**たくさんの情報を仕入れる**こと。誰もが、初めからポイントだけを見るなんて、そんなうまくはいきません。

その感覚を磨く第一歩としては、まず、たくさんの情報を集める「感度を上げていく」ことが大事になるのです。先ほど挙げた、一瞬でも視覚から得られる情報の数々。ここまで細かく見ているのか…と思った方もいると思います（あくまで、私が細かいのは相談スイッチがＯＮの時だけですが）。それでも、初対面に限らず相談中はいつでも、相談者を**観察**して情報をたくさん仕入れて下さい。なお、仮説は所詮仮説ですから、過信は禁物です。

POINT! 3.「見よう」とする意識で観察力をアップする

観察力をアップするにはポイントが三つあります。最初のポイントは、**観察しようと意識する**ことです。なぜなら、私たち人間は、「見ようとしているものしか見えない」からです。

例えば、電車に乗って通勤しているとします。その電車は割と混んでいて、乗っている20分の間に、30人くらいの人とすれ違ったり、隣になったりします。その30人くらいの人を私たちは覚えているでしょうか。一般的には覚えていないはずです。見ようという意識がないからですね。

しかし、その中で、例えば時計に興味がある人は、他の人がどんなデザインの時計をしているかを見て、覚えています。携帯電話に興味がある人は携帯端末を見て、覚えています。ネクタイを買おうとしている人は、ネクタイを見ますし、メイクに興味がある人はメイクを見ます。

というように、同じ電車に乗り、同じ人と隣になったとしても、**個人個人が持っている意識の違いにより、見えるものは違ってくる**のです。つまり、私たちには「見ようとしているものしか見えない」のです。

それを相談の場面に置き換えると、漠然と相談に対応してしまうと、「観察する」という意識がないので、色々なことに気付かなくなってしまうわけです。だからまずは、「観察しようとする意識」が重要になってくるのです。

POINT! 4. 観察するには冷めた目で

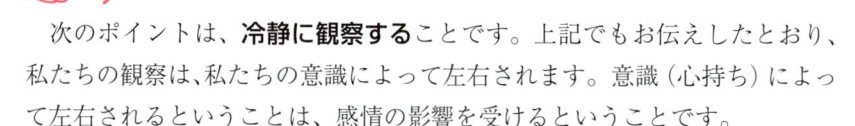

次のポイントは、**冷静に観察する**ことです。上記でもお伝えしたとおり、私たちの観察は、私たちの意識によって左右されます。意識（心持ち）によって左右されるということは、感情の影響を受けるということです。

例えば、人間誰しも良い部分、悪い部分を合わせ持っているはずなのに、好きな相手を見ると良い部分ばかりが見え、嫌いな相手を見ると嫌な部分ばかりが目に付くということは誰にでも経験があると思います。それだけ、**私たちの目は、感情の影響を受ける**ということです。だからこそ、相談の場面では、きちんと相談者を理解するために、冷静に観察することが必要になります。

もちろん、相談者の話に感情的に共感することもありますから、100％冷静というわけではありませんが、感情表現する一方、常に頭のどこかで、冷静に相談者の表情などを観察していることが大事になってくるのです。

POINT! 5. 神は細部に宿る

そして最後のポイントは、**細かい部分にこそ注目する**ということです。というのも、大きな変化や目立つ部分というのは、誰もが気付きますが、細かい部分というのは、意識をしないとなかなか気付かないからです。

例えば、指先の細かい部分を観察することで、

- ・家事（水仕事）をしているかどうか？
- ・爪の手入れはしているか？
- ・血色から健康状態はどうか？
- ・指輪をはめているかどうか？
  （はめていたらどんなものなのか？　結婚指輪か、おしゃれの指輪かなど）
- ・骨の太さや皮膚の厚さなどでどんな仕事をしていたのか？
  （例えば男性なら肉体系の仕事かどうかなど）

などが分かりますし、指を組んだり、手を握りしめていたり、汗がにじんでいたり、細かく震えているなど、しぐさで感情が伝わってきたりもします。指先ひとつで、本当に色々なことが分かります。

ただ、それに気付くには、「そんなところまで見ているのか！」というくらい細かい部分に注目する必要があります。よく「相談力」がある人とない人の違いとして、**「気付きがあるかどうか」**ということが言われますが、それの元になっているのが、細かいところまで観察しているかどうか、ということなのです。

スキル6　1. 相談を受ける専門職（プロ）として
自分を知る
－自己覚知－

POINT!
1. 自分を見失わないのがプロ
2. 自分を知るためのマインドセット（心構え）
3. 自分を知る方法1：時間軸で考える（過去・現在・未来）
4. 自分を知る方法2：現在の自分を知る（外見）
5. 自分を知る方法3：現在の自分を知る（内面）

POINT! 1. 自分を見失わないのがプロ

　相談の仕事では、相談の内容が深刻であればあるほど、人間対人間という、ある意味**人間力のぶつかり合い**になります。

　例えば、生死を左右するような健康の悩み、生活に密着するお金の悩み、この先の相談者の人生を大きく分けるような重大な岐路についての悩み、そして存在を認めてほしいというような実存上の悩みなど様々です。そのような深刻な相談では、相談者が、嘘を言ったりして私たちを試したり、過激な言動を通して感情をぶつけてきたり、あえて無視したりなどと、私たちの感情が乱れてしまうようなことも起こります。

　その中で、冷静に、適切な対応ができるためには、**私たちが自分のことをどれだけ分かっているか**、がとても重要になります。

　例えば、
- どういう反応をされると、ムッとしてしまうのか？
- どの部分に苦手意識があるのか？
- 自分の性格は、どういうタイプなのか？
- 今までの人生で影響を受けた出来事
- 自分を形作るアイデンティティ（自己同一性）
- プライベートでこれは譲れないというこだわり　など

　このようなことを自分で認識することを**「自己覚知」**と言います。なぜ「自己覚知」が重要なのかというと、自分のことが分かっていないと、いざとい

う時に私たち自身の反応をコントロールすることはできないからです。

自分の反応がコントロールできなくなる例

・嘘を言われて逆上してしまい、必要以上に相談者を追い詰めてしまう
・相談者の怒りに飲み込まれてしまって、萎縮してしまう
・無自覚に相談者に自分の価値観を押し付けてしまう
・無視されたことを引きずってしまい、家に帰っても悲しい気持ちがなくならない

自身の反応がコントロールできなくなるということは、意図的な相談対応ができなくなるということ。つまり、**プロの相談対応ではなくなってしまう**ということです。

だから、相談を仕事とする全ての人に「自分を知る」ということが必要なのです。自分のことが分かっていれば、自分の反応に自覚的になることができます。

例えば、「嘘を言われるのがとても嫌で、つい逆上してしまいやすい」ことを自覚しているからこそ、「そうならないように」気を付けることができるのです。

POINT! 2. 自分を知るためのマインドセット（心構え）

これから、「自分」という誰よりも分かっているようで、誰よりも分からない、あいまいなものを見ていくわけですが、その前に一つ、マインドセット（心構え）があります。

それは、**自分を知っていく「過程」では、自分に対する「評価」をしない**こと。なぜなら、評価をしながらでは、冷静に自分を見つめられなくなってしまうからです。

例えば、良いと思う部分は楽しい気分になって、大切なことを見落としてしまうかもしれませんし、悪いと思う部分は、つらい気持ちになって、自分のことを見つめることが嫌になってしまうかもしれないからです。自分を知っていく「過程」では、評価しない、と心に留めて、事実や傾向だけをあ

りのままに、客観的に見て下さい。

　その後、こういうことがあったとか、こういう傾向があるなど、ある程度自分のことが分かってきたら、そこで初めて評価をします。**良い部分は認め**（大事なことです）、**悪い部分は意識して今後につなげてみて下さい。**

POINT! 3. 自分を知る方法1：時間軸で考える（過去・現在・未来）

　まず、自分とは、過去から現在、そして未来へと続く、一本のレールのように連続したものということを認識して下さい。

　例えば今のあなたの性格や考え方というのは、今までの色々な経験や環境から一つひとつ作り上げられてきたものです。そして、今何を考え、行動するかは、未来へとつながっていきます。

　過去をリセットして、ガラッと人生をやり直すという方もいますが、そう決意する背景は、実は過去や現在にあったりします。そのため、今の自分を知るためには、**過去から連続する自分を知ること**が必要なのです。

　具体的な方法を紹介すると、「自分年表」という方法があります。年齢（0歳から始まります）や住んだ場所、その時の主な出来事や思ったこと、仕事、成果、挫折、友人、恋人、などを表にするのです。私は本をよく読むので、好きだった本を列挙したり、音楽も好きなのでその時気に入って聞いてきた音楽を書いたりしています。あなたも自分に合わせて工夫してみて下さい。書き出してみると、すっかり忘れていたことでも、意外と思い出せるのでお勧めです。

　また、まとめた年表をながめて、その変化を見ると、**人生におけるターニングポイント（転機）**も分かりますし、自分がどのように成長してきたのかもよく分かります。福祉分野ではクライアントを理解するために、「生活歴」を把握することはよく行われていますが、自分自身を理解するためには、「自分年表」を使うというわけです。

POINT! 4. 自分を知る方法2：現在の自分を知る（外見）

　「自分年表」で過去からの流れを把握した後には、**「現在の自分」**を把握します。「現在の自分」を知るには、外見と内面という二つの視点が必要です。

まず、外見というのは、**他の人からどう見えているか**（どう認識されているか）ということです。私たちが観察力で相談者を把握するように、相談者も見た目で私たちを把握します。また、コミュニケーションにおいては、言葉以外の要素（ノンバーバルコミュニケーション）も多いです。ですから、それを客観的に把握するのです。

　最も簡単な方法は、**鏡を見ること**です。女性は化粧の時に毎日嫌と言うほど見ている…という方もいらっしゃると思いますが、「他の人から、どう見られているか？」という視点で見てみると、意外な発見があります。

　相談者は、よくあなたを見ています。

　　・信頼できそうか？
　　・どのくらい実績があるのか？
　　・どんな人なんだろう？
　　・自信なさげなんじゃないか？
　　・疲れてるみたい　など

　顔は、その日の調子も表しますし、その人の性格もにじみ出てきます。ですから、今日の自分はどう見えているのかを知るということは大事なのです。

　次に、相談の場面での動きやしぐさについて知る方法として、ビデオカメラでの録画があります。実際の相談者を録画するわけにはいかないので、ロールプレイ（模擬相談）などのトレーニングの中でビデオカメラを活用するのです。携帯電話やスマートフォンのビデオ機能を使えば、機材を購入する必要もありません。

　3人一組で、相談者役・対応者役・録画係と分担しても良いですし、三脚などで固定できれば2人でもできます。私も**ビデオカメラで自分のロールプレイを録画して、それを見返す**というトレーニングをしましたが、自分を映像で見ることによって、普段見られない動きやしぐさが客観的に把握できます。

　例えば、「自信持って対応しているつもりだったけど、そうは見えない…。逆に横柄な印象に見える」など、**今まで気付かなかったことを知る**良い機会になると思います。

　また、ビデオカメラを活用するようなトレーニングや研修があったら、ぜひ参加してみて下さい。

　そして、**他の人に聞いてみる**のも方法の一つです。ただ、効果的な意見を

もらうには、相談対応について分かっていて、あなたのことを第一に考えてくれる、スーパーバイザーやコーチ、師匠のような立場の方が良いです。もしそのような人が同じ職場にいる場合は、それは非常に運が良いことですから、意見を聞いてみない手はありません。

POINT! 5. 自分を知る方法3：現在の自分を知る（内面）

　内面を知る、ということは、あなたの**性格や考えの傾向、価値観**を知り、整理するということです。

　まずは、性格や考えの傾向ですが、これは自己分析（自分で考える）もできますが、**性格分析のテスト**なども使えます。インターネット上でも紹介されていますので、参考までに利用してみるのもいいでしょう。

　漠然と自分の性格と思っていたものが、具体的に結果として表れるので、改めて認識できますし、意外な発見をすることもあります。こういった性格分析のテストは、自分一人ではなかなか認識できない部分を指摘してくれることが利点です。

　もちろん、テストが全てではありませんし、テストの結果に右往左往してしまうようでは本末転倒です。あくまでも現在の自分を知る上での、一つの手段・きっかけに過ぎないことは覚えておいて下さい。

　そして、どんな価値観を持って生きているのかについても改めて整理しておきましょう。あなたの人生において、大事なことは何か、ということです。**価値観について、列挙し、優先順位をつけてみる**という作業は、人生において大事なことが明確になりますし、あなたが今、やりたいこと・やりたくないことを数多く挙げてみて、整理していく作業も、価値観について知る上では大事なことだと思います。

　この価値観というのは、私たちが何かを判断する時の基準になるものなので、相談に限らず、**今後の人生を歩む上でも**、価値観を明確にすることは役立つことだと思います。

スキル7　1. 相談を受ける専門職（プロ）として
必要性を把握する
－ニーズについて－

POINT!
1. ニーズとウォンツ
2. 「ニーズ」とは何か？
3. 「ニーズ」の注意点
4. 「ニーズ」と相談者の変化
5. 「ニーズ」に偏ると「独りよがりの相談」になる

POINT! 1. ニーズとウォンツ

　「ニーズ」という言葉は、相談の仕事をしているとよく聞く言葉だと思います。「相談者のニーズを把握する」や「お客さんのニーズに応える」などです。確かに、相談対応をしていく上で、「ニーズ」という概念は重要です。しかし、本来の意味を誤解して使われることが多い言葉でもあるのです。

　具体的には、【スキル8：相談者の要望を知る】で紹介する「ウォンツ」という概念との混乱がいたるところで見られます。ですから、「ニーズ」と「ウォンツ」を**比較**しながら読み進めて下さい。

POINT! 2.「ニーズ」とは何か？

　「ニーズ」英語で書くと「Needs」。日本語訳では、「必要性」です。つまり、「相談者が必要としているもの」ということです。

　相談者にとって何が必要なのか、というのは他人でも答えが出せる、客観的なものです。むしろ、客観的な立場の専門職だからこそ答えが出しやすいのです。「ニーズ」とは、相談者に関する**様々な情報を分析して、専門的知識や経験から導き出す**ものですから。

　例えば、糖尿病の人には血糖値のコントロールが「必要」ですし、骨折してしまい自分で買い物に行くことができない人には、食事の確保が「必要」です。

つまり、客観的な立場からの専門職の分析、それが「ニーズ」なのです。

POINT! 3.「ニーズ」の注意点

　ここでの注意点は、相談者がその「ニーズ」（必要性）について**どう思っているかは関係ない**ということです。あくまでも客観的な必要性ですから、本人がそうしたいと思っていることもありますし、本人の気持ちとは異なっている場合も多々あります。

　例えば、メタボの人の「ニーズ」は、運動や食生活の改善です。これは客観的な必要性なので、異論はないとは思います。ただ、それを本人がやろうと思っているかどうか、そして実際にやるかどうかは別問題なのです。運動嫌いで動きたくない人もいますし、分かってはいてもストレス解消のために満腹感を味わうことはやめられない人もいます。この**「ニーズ」と相談者の主観との「ずれ」**は相談における大きなテーマの一つです。

POINT! 4.「ニーズ」と相談者の変化

　相談の目的は相談者の変化ですから、「ニーズ」は、こうなるべき、という客観的に理想とされる変化のかたちとも言えます。しかも、客観的だということは他の人に説明できるということですから、説得力がありますし、記録にも残しやすいのです。相談の方向性を決めていく上では、一定の指標にはなります。

　しかし、相談者の気持ちと別物である以上、基本的には「ニーズ」は変化につながるものではありません。**変化につながるのは、相談者の「感情」**ですから。あくまでも相談の最終ゴールは、相談者の変化（その結果としての悩みや問題の解決）であって、調査や分析ではありません。そういう意味では、「ニーズ」を把握するだけでは、方向性を定めることはできても、相談者を変えていくことはできないのです。

POINT! 5.「ニーズ」に偏ると「独りよがりの相談」になる

　「ニーズ」とは、客観的な必要性なので、相談者のことを知り、専門知識

を知れば知るほど、経験を積めば積むほど、その分析の精度は増してきます。ある程度の専門性があれば、**「ニーズ」の分析はおそらく当たっています**。その見立てを鋭くするのも「相談力」の一つではありますが、いかんせん、相談者の気持ちとは別物なのが「ニーズ」ですから、「独りよがりの相談」になりやすいのです。

　なぜなら、いくら必要で、それが客観的に説明できても、それを私たちが目指しているだけでは、相談者は何も変わらないからです。それは言い換えると、**相談者の心に響かない相談**と言えます。

　独りよがりの相談にならないためにも、「ウォンツ」との**バランス**を意識して相談に対応して下さい。

スキル8 1. 相談を受ける専門職（プロ）として
相談者の要望を知る
― ウォンツについて ―

> **POINT!**
> 1. ウォンツとは何か？
> 2. 「ウォンツ」の注意点
> 3. 「ウォンツ」と相談者の変化
> 4. 「ウォンツ」を聞くだけだと「言いなり相談」になる
> 5. 「ニーズ」に向けて「ウォンツ」にアプローチする

POINT! 1. ウォンツとは何か？

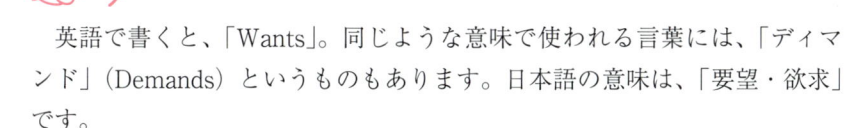

英語で書くと、「Wants」。同じような意味で使われる言葉には、「ディマンド」（Demands）というものもあります。日本語の意味は、「要望・欲求」です。

つまり、「ウォンツ」とは、「相談者が何をしたいか・何をしてほしいか」ということです。何がしたいかということは、その人のみが答えを知っている、**主観的**なものです。そして、その人の**感情**が大きく影響します。

例えば、糖尿病の人には血糖値のコントロールが「必要」ですが、糖尿病食を食べたいかどうかはその人次第です。逆に、甘いものを食べたいというのが望みかもしれません。また、足が不自由なことから自分で買い物に行けない人は、食事の確保が「必要」ですが、宅配弁当を食べたいかどうかは、その人次第なのです。

あくまでも、目の前の相談者の**感情ベースで、何をしたいか・何をしてほしいか**、ということが「ウォンツ」なのです。

POINT! 2. 「ウォンツ」の注意点

「ウォンツ」を把握するには、一旦、**専門的な視点からの正否という思考の枠組みを外し**、相談者の主観にフォーカスを合わせるということです。相談者がどう思っているか、という感情が「ウォンツ」ですから、それが正し

いことなのか、そうでないのか、ということは別問題なのです。

　私たちは専門職であり、専門知識や経験に基づく「最も正しい方法」が分かっています。しかし、それは客観的な意見に過ぎず、相談者の主観は必ずしもそうではありません。特に相談の初期では、専門的な視点（つまり客観的に分析したニーズ）と相談者が感じていること（主観的なウォンツ）とは異なっていることが多いのです。

　そこで、**このギャップをどう埋めていくか**、ということが相談における大きなテーマになります。なぜなら、相談者の気持ちだけを尊重した場合は、相談の最終目的である悩みや問題の解決が達成されないことが多いからです。私たちのところに相談に来るような相談者が抱える悩みや問題は、自身の力だけでは解決できない、専門性の高いものです。それなのに私たちの専門性を放棄してしまうのは、存在意義を否定してしまうことに他なりません。

　だからと言って、強制的に押し付けるわけにはいきませんから、「ウォンツ」に基づいた**相談者の気持ちに沿った対応**が必要になるのです。

POINT! 3.「ウォンツ」と相談者の変化

　相談の目的とは、相談者の変化です。そのためには、相談者の感情がとても重要な要素になります。なぜなら、人は感情ベースでゴーサインを出さない道には進んでいかないからです。

　例えば、あなたが知人から高額なサプリメントを勧められたとします。しかし、どんなに身体に良いと力説されても、「飲みたい」と思わない限り、買いませんよね。一方、自分の生活に不可欠というわけではないのに、好きとか、気に入っているという理由で、趣味のものを買ったりします。

　また、リハビリへの取り組む姿勢にも感情の影響はあります。やらされて運動している場合と、心から治りたいと思っている場合とでは具体的な行動や成果が変わってくるのが分かると思います。

　つまり、相談者の変化には、頭で分かることではなく、**心や気持ちが動くことが必要なのです**（詳しくは【スキル22：「変化」について知る】を参照のこと）。そのためにはまず、何をしたいのか、何をしてほしいのかという「ウォンツ」を把握することが必要です。そして、相談者の気持ちに変化をもたらすためにアプローチしていくことが重要なのです。

POINT! 4.「ウォンツ」を聞くだけだと「言いなり相談」になる

　介護業界では、クライアントの要望（「ウォンツ」）をそのまま鵜呑みにして動くケアマネジャーを揶揄していう、「言いなりケアマネ」という言葉があります。これは、批判的な言葉です。どの部分を批判しているのかというと、「ウォンツ」をただ聞いているだけで、アプローチ（働きかけ）していない点が批判されているのです。なぜなら、ここで扱っているのは、「相談」ですから。

　一般のサービスであれば、お客さんの要望にそのまま応えることはあります。しかし、相談は違います。相談では相談者に変化してもらい、困った状態や悩みを解決していくことを目指しています。その**方向性を定めるのが専門性**なのです。

　だからこそ、**専門的・客観的な「ニーズ」に基づいて、相談者に変化をもたらすために「ウォンツ」に働きかけを行うべき**なのです。

POINT! 5.「ニーズ」に向けて「ウォンツ」にアプローチする

　「ニーズ」と「ウォンツ」をまとめると次の表のようになります。

ニーズとウォンツの比較表

	ニーズ	ウォンツ
定　義	専門職としての知見から判断される必要性	相談者が感じている要望・欲求
キーワード	専門性高い 分析する 客観的・論理的 変化の指標になる 専門職の言動の根拠	専門性が問題ではない 聞き取る・読み取る 主観的・感情的 変化の元になる アプローチする対象

　「ニーズ」だけでも、「ウォンツ」だけでも、**偏りがあると相談がうまく進みません**。両方とも相談には不可欠な要素なのです。「相談」とは、相談者の変化のために、その理想である「ニーズ」を目指して、感情である「ウォンツ」に働きかけていくプロセスであるとも言えるのです。

❷ 信頼と共感の相談力 (Step1 信頼関係を築く)

> なぜか相談窓口で、険悪なムードになることが多いような気がする。担当者として当たり前のことを言っているだけなのに。昨日もこんな相談者が来た。

相談者:「ここって介護保険の窓口ですか？」

あなた:「そうですよ。どうしました？」

相談者:「私の父親のことなんですが、糖尿病を患っていまして、先日数値が悪くて市立病院に入院したんです。実は父は医者嫌いでして、自宅に帰ると一人ですから、薬を飲まないし、通院もしないのです。」

あなた:「それはいけませんね。糖尿病なのに、あり得ないですよ。」

相談者:（ちょっとムッとして）「それは分かっています。でも、飲まないんです。」
「家族の者はもう諦めていまして、本人の気が済むようにするしかないだろうと言っているのですが…。病院でも毎日帰りたいと繰り返すばかりで…」

あなた:「いや、ちゃんと治療しないと駄目ですよ。」

相談者:「それは分かっています。」
（投げやりに）「じゃあ本人に言って下さいよ。家族の話は一切聞かないですから。」

あなた:「いやそれは…」

相談者:「言うことを聞かないから困ってるんじゃないですか。分かりますあなた？」

あなた:「いや分かりますけど…」
（なんかぎくしゃくしちゃうな〜、いつも）

スキル9　2. 信頼と共感の相談力（Step 1　信頼関係を築く）
相談を演出する
－意図的にデフォルメする－

POINT!
1. 「相談を演出する」という視点
2. 相談における「演出」とは？
3. 相談では、何を表現するのか？
4. 相談における様々な表現
5. 第三者から「わざとらしい」と思われるくらいで良い

POINT! 1.「相談を演出する」という視点

「相談を演出する」という視点を持っていますか？

私は、相談の非日常性とコミュニケーションについて話をする時によく演劇や舞台の例を挙げるのですが、演劇や舞台で欠かせないものに、「演出」があります。日常生活の中で少し特別な場面である相談では、日常的な会話法ではなく、特別な場面である「相談」に適したコミュニケーション方法があります。それが、「相談力」の大きな要素になるのです。

その非日常の場面では、**多少のデフォルメ**というのが効果的で、「演出」というのも、その一環です。

POINT! 2. 相談における「演出」とは？

まずは、「演出」という言葉について、定義を確認していきます。演出とは、**物事を表現する時に、それを効果的に見せること**。演劇では、伝えたい・表現したいことがあって、それを伝えるために、どうやったら効果的に見せられるかという視点から、演技やセリフの間、舞台の雰囲気を作っていきます。それは相談でも同じです。

相談を受ける私たちから相談者に、伝えたい・表現したいことがあって、それを伝えるために、どうやったら効果的に見せられるかを考え、工夫していくという視点。それが相談における「演出」なのです。

そして「演出」というのは、こちらから働きかける、**積極的なもの**です。相談では、相談を受ける私たちがしゃべるのではなく、相談者の話を聴くことが求められます。そういった部分で、相談というのは「受け身のもの」と誤解されやすいのですが、聴くことと、受け身というのはイコールではありません。

別に**話さなくても伝えられる**ことはたくさんあります。その一つが積極的なコミュニケーションである「演出」なのです。

POINT! 3. 相談では、何を表現するのか?

「演出」というのは、物事を表現する時に、それを効果的に見せるもの、ということは分かりました。それでは、相談ではいったい何を伝え、表現するのでしょうか? そこで最も基本になるのが、**「相談者を大切にしている」**ことを表現することです。信頼関係はここから始まります。

私たちは、仕事として相談を受けています。そのためには、なるべく効率的に、そして確実に結果を出さなければならないわけですが、それには、**早期に信頼関係を築く**ことが必要になります。そこで効果的なのが、「相談者を大切にしている」ことを表現することなのです。

なぜなら、大切に扱われると単純に嬉しいですし、良い気分になります。また、深い悩みを抱えている相談者にとっては、癒しにすらなります。相談は、対人サービス業（接客業）でもあるので、良い接客という部分からも、「大切にする」ことは求められるのです。「大切にされている」と表現し、それを効果的に伝えることは、信頼関係の最初の一歩なのです。

POINT! 4. 相談における様々な表現

それでは、「大切にしている」以外にも何か表現することはあるでしょうか? ここでは、相談における表現についていくつか挙げてみたいと思います。

相談における表現の内容（例）

- 安全な存在であることを表現する
- 相談者のことを第一に考えているということを表現する
- 私は役に立つということを表現する
- 私には相談者の問題を解決していく実力があることを表現する
- 専門的な知識を持っているということを表現する
- 専門職として、相談者にこのように変わってほしいという期待を表現する
- 相談者に対しての感謝を表現する
- 前向きな気持ちであることを表現する
- 知識を分かりやすく伝えたいと表現する
- 早めに解決した方が良いことを表現する　など

　これらの他にも、様々な場面、相談者に応じて、表現したいことがあると思いますが、それらを**効果的に見せる**ために「演出」があるのです。漠然と目的もないまま「演出しよう」としても、中途半端になってしまいますから。

　具体的な演出方法については【スキル10：相談できる雰囲気を作る】【スキル11：演出方法をマスターする】などで説明します。

POINT! 5. 第三者から「わざとらしい」と思われるくらいで良い

　演劇役者の練習風景を見たことがありますか。テレビや映画と違って、舞台というテレビ画面やスクリーンと比べると広い場所でする演技は、より演出にダイナミックさが要求されます。その演技を、街の真ん中でやったらどうでしょうか。多少の違和感というか、気恥ずかしさというか、収まりにくさを感じてしまうのは、私だけではないと思います。豪華で環境も整っている舞台であれば違和感がない演技も、街中に場面を移すと**大げさ**に感じてしまうものなのです。

　相談でも同じようなことが言えます。というのも、実際に相談でのコミュニケーションを、それを関係のない他人が日常会話の基準で見ると、**違和感**を感じるからです。

　例えば、

・声が大きい、声が高い
　・反応やしぐさが大げさ
　・クサい台詞を言う

などの演出は、第三者から見たら、「芝居かかっている」「大げさ」「会話として違和感がある」「わざとらしい」などと思われます。でも、**それくらいで良いのです**。相談者に表現を伝えるために効果的なやり取りであれば、問題はありません。

　しかしそれは、「相談者に違和感を感じさせない限度」だということには注意して下さい。相談者が白けてしまうようでしたら、本末転倒ですから。この辺のさじ加減は、試行錯誤してみる経験が必要かもしれませんね。ポイントは、**キメ台詞やダイナミックな反応をした時の相談者の反応を観察する**ことです。

　だからこそ、相談者の反応や自分の姿をビデオ等で見てみることや第三者に見てもらいアドバイスしてもらうことが重要なのです。

スキル10　2. 信頼と共感の相談力（Step 1　信頼関係を築く）
相談できる雰囲気を作る
－相談前から「演出」は始まっている－

POINT!
1. 雰囲気作りの重要性
2. どのような雰囲気を作るのか？
3. 相談を受ける場所で演出する
4. 距離を使って演出する
5. 位置関係で演出する

POINT! 1. 雰囲気作りの重要性

相談における「演出」とは多岐に渡っていますが、まず押さえておきたいのが、相談場面の**雰囲気作り**です。

このスキルは、対面でのコミュニケーションというより、事前準備の側面が強いです。しかし、早期に信頼関係が構築できる条件の一つと言っても過言ではありません。演劇で言えば、すんなりと劇の世界に入ってもらうために、大道具や小道具、背景や照明、効果音などで舞台を作り込むこと。その**舞台が整って初めて、役者の演技が光る**わけですから、その重要性も分かると思います。

また、相談経験が浅く、相談者を目の前にしての対応に慣れていない人でも、準備なら一つひとつ確認しながらできますから、取り組みやすい部分でもあります。

POINT! 2. どのような雰囲気を作るのか？

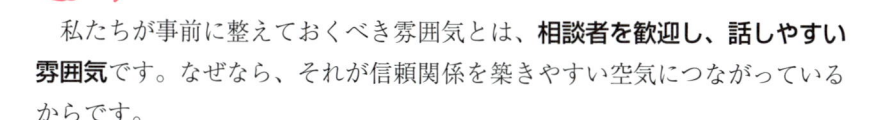

私たちが事前に整えておくべき雰囲気とは、**相談者を歓迎し、話しやすい雰囲気**です。なぜなら、それが信頼関係を築きやすい空気につながっているからです。

信頼関係とは、相談者の話を聴き、それを受け止め、期待に応え、問題解決のためのやり取りを重ねていく中で築いていくものですが、その土台とし

て、相談の場面における雰囲気というのが影響するのです。
　また、雰囲気作りは、相談者を大切にすることの表現の一つでもあります。

POINT! 3. 相談を受ける場所で演出する

　相談の環境において、最も影響が大きいのが、相談を受ける場所です。顔を合わせて相談を受ける場所を大きく分類すると、三種類に分かれます。
　　①来所での相談（相談スペースなど）
　　②訪問での相談（相談者の自宅や入院先の病院など）
　　③待ち合わせての相談（喫茶店やデイサービス等の外出先など）
　場所について配慮することというのは、相談内容がプライベートであればあるほど、**プライバシーが保てる空間**を考えるということです。
　例えば、旅行のチケットに関する相談などであれば、個室の相談スペースというよりもカウンターなどで相談を受けることが多いと思います。しかし、相談者の家族の問題や財産に関する相談、病気のことなどの場合は、プライバシーに配慮した空間の方が相談しやすいですよね。
　具体的には、周りの人に話が聞こえないようにする、あるいは、容姿が見えないようにすることです。これらは大変基本的なことです。通行人に話が全て筒抜けてしまうような場所で相談を受けていたら、なかなか相談者が心を開いてくれないとしても、無理はありません（あなたはそういう場所で、自分のプライベートを話す気になるでしょうか）。
　標準的なのは、**個室**です。個室の相談スペースであれば、周りには話の内容も分かりませんし、姿も見えませんから。ただ、個室というのは、部屋の大きさや明るさ、備品、雰囲気などによっては緊張感を高めてしまうので細かい部分にも心配りが必要です。
　また、カウンターなどで相談を受ける場合であれば、**ついたて**をして、誰が相談しているか分からなくするのは、工夫の一つですね。同時に複数の相談があるようなところは、相談スペース自体の距離を離すこともあります。さすがにすぐ隣の話は聞こえてしまいますから。喫茶店や外出先などで相談を受ける場合も、**周囲の人との距離**は気にした方が良いと思います。
　また、コミュニケーションをとりやすい環境としては、騒がしくないことが挙げられます。静かな方が、言葉も聞き取りやすいですし、お互いに相談

に集中できます。ただし、全くの無音が良いかどうかというのは、個人差があって、薄くＢＧＭがかかっていた方がリラックスできるという人もいます。歯科医院などでは、ＢＧＭがかかっていることも多いですよね（機械音で不快になったり、痛みを感じたりすることを紛らわすためだと思いますが）。

　訪問先では、私たちが準備できることは多くありませんが、施設や病院などであれば、上記のような環境が保てる**場所を借りたりする**ことはできます。また、自宅などでテレビを付け放しにしている場合もありますが、意図がある場合を除き**一旦消してもらうようにしましょう**。

　ただ、今まで色々挙げた配慮や工夫も、結局は、私たちが相談を受ける職場の環境に左右されてしまいます。例えば、相談専用の個室が用意できるかどうかというのは、職場のスペースや予算の問題である程度決まってきてしまいます。そういった意味では、私たちはある程度の制限の中でプライバシーに配慮する工夫をしていかなければならないのです。

POINT! 4. 距離を使って演出する

　電話やメールでの相談でない限りは、相談者と直接会うことになります。その際、どのくらいの間隔をとっていますか。あらかじめ机の大きさが決まっているので、なかなか意識しないかもしれませんが、相談者との**距離**は、**相談しやすさ（話のしやすさ）に関わってきます**。なぜなら、私たち人間は、それぞれに「心地よい距離」という感覚を持っているからです。

　遠すぎると少し「かしこまった」場になりますし、声も張らなくてはいけません。感情や言葉が届きにくい印象を持ちます。また、近すぎても、自分のテリトリーに侵入される気がして、気分が良くありません。話すのに心地よい距離があるというのは、感覚として分かっていただけると思います。

POINT! 5. 位置関係で演出する

　位置関係というのは、対面する時の**角度**のことです。

　一つは、真正面に位置するのか、斜め45度に座るのかなど、水平（横）の角度のこと。もう一つが、座った状態と立った状態など、垂直（縦）の角度のことです。なお、垂直（縦）の角度については、相談では、同じ高さで

目線を合わせるのが一般的です。シチュエーションによって、様々ですが、相談者にしか椅子がなければ、私たちはしゃがんだりしてそれに合わせ、逆の場合は、私たちが立って、**高さを合わせます。**

　上司と部下や先輩と後輩など、いわゆる「上下関係」を演出するような場合は、あえて縦の角度をつけたりもしますが、一般的な相談では、同じ高さで**目線を合わせた方が相談者にとって話しやすい**のです。

　水平の位置関係とは、どの角度に座るのかということです。基本は正面になりますが、真正面だとストレート過ぎるので、中心を少し左右にずらしたりすることはよくあります。また、斜めに座ることもあります。同じ机でも、正面と斜めでは距離が違いますからね。横に座ることは、いわゆる相談室においてはなかなかありませんが、相談者の自宅の構造や相談場所の特性（ベンチしかない等）によっては、あり得ます。

　いずれにしろ、相談者との関係や相談場所のシチュエーション、状況によって変わってくる範囲の中で、相談者にとって話しやすそうな角度を選択していくのです。ちなみに一般的には、**斜め → 正面 → 横** の順で、**親密度は高くなる**と言われています。

コラム　物理的距離と心理的距離

　心地よい距離というのは、人間関係（信頼関係）によっても変わってきます。

　例えば、初対面の男女と、長年連れ添った夫婦では、心地よい距離は違ってきますよね？　そういった意味では、心地よい距離（物理的な距離）には、心理的な距離がある程度反映されてくるのです。

　相談でも同じように、信頼関係や相談の段階、関わる時間の長さによって、相談者が心地よいと感じる距離は変わってくる場合があります。また、一回の相談の中でも、信頼関係ができてきたり、話題が核心に入ったりと状況が変わってきます。その場合は、微妙に姿勢を変えたり、座り直したりすることで、相談者との距離を調整することができます。

スキル11　2. 信頼と共感の相談力（Step 1　信頼関係を築く）
演出方法をマスターする
－二つのコミュニケーション－

POINT!
1. 演出とはコミュニケーション
2. 二つのコミュニケーションで演出する
3. 「言葉のやり取り」
4. 何をどう話すか？
5. 言葉を使わずに演出（コミュニケーション）する
6. 資料にこだわろう
7. 持ち物で表現しよう
8. 服装に気を遣おう
9. メイクで外見を整えよう
10. 髪型をセットしよう
11. 表情を意識しよう
12. しぐさにも気を配ろう
13. 目線を気にしよう
14. 口調についても意図的に
15. 姿勢には気を付けよう
16. 矛盾は混乱させる

POINT! 1. 演出とはコミュニケーション

「演出」とは、物事を表現する時に、それを効果的に見せること。つまり、私たちが相談者に向けて何らかの表現をする時に、それを「効果的に見せる」ことが「演出する」ということなのです。そして、押さえてもらいたいのが、**「演出」とはコミュニケーション**だということです。

例えば、恋人たちは「ねえ、愛してる？」「ああ、愛してるよ」などというコミュニケーションを、会話だけでなく、態度や視線、会うお店や物（プレゼント）などで効果的に表現して伝えています。私たちも同じように、「あなた（相談者）のことを大切に思っています」ということを伝えるために、色々な会話を交わしますし、言葉以外でも表現をします。

発信する私たちがいて、それを受け取る相談者がいる。これはコミュニケーションですよね。

POINT! 2. 二つのコミュニケーションで演出する

具体的な「見せ方」をお伝えする上で、この、演出とはコミュニケーションであるという考え方は欠かせません。なぜならコミュニケーションの二つ

の要素を活用することで、演出方法が整理できるからです。

　一つは「**言葉のやり取り**」（バーバルコミュニケーション）。そしてもう一つが「**言葉以外のやり取り**」（ノンバーバルコミュニケーション）。ここからは、この二つの視点から、具体的な演出方法についてお伝えしていきます。

POINT! 3.「言葉のやり取り」

　コミュニケーションの話の中では、一般的に、ノンバーバル、つまり「言葉以外」の重要性が強調されることが多いです。私もその意見には大賛成です（メラビアンが行った実験結果の引用には賛否両論あるようですが）。

　ただ、当たり前のことですが「何を話すか」ということも非常に大事です。**話す内容、順番。そして言葉遣い**。その組み合わせで、同じ中身を伝えるにも様々な方法があります。

　例えば、初対面では自己紹介をすると思いますが、信頼に足る専門職であることを表現するために、実績を交えた自己紹介にするのか、安心できる場であることを表現するために、秘密を守ることを強調するのか、相談者のことを第一に考えていることを表現するために、まずねぎらいの言葉をかけるのか。同じ自己紹介ですが、**表現内容に応じて、言葉は変わってきます。**

　細かい一つひとつの言葉は、会話の中で流れていってしまうことも多いのですが、言霊（ことだま）という表現があるくらいですから、ある言葉が相談者にとって強く印象に残ったり、後で反すうして思い返したり、場合によっては、考えを変えるような力を持つ時もあります。だから、何を話すか、どんな言葉遣いをするか、というのは、気が抜けないのです。

POINT! 4. 何をどう話すか？

　それでは、言葉遣いや話す内容について、具体的なポイントをいくつか挙げてみましょう。

①言葉遣いについては、「タメ語」は禁止

　丁寧語、これが基本です。相談とは、私たちにとっては友達同士の会話ではなく、仕事です。時々親しさを表現するためなのか、かなりくだけた言葉

を使っている方を見かけますが、**それはアウト**だと思います。
　相談の仕事は、接客業・対人サービス業ですから、その意味でも「タメ語」と呼ばれる友達言葉はＮＧです。

②**親しみを表現するには、丁寧語の中で工夫する**
　言葉遣いを崩すのは、信頼を失うリスクが高いです。ただ、杓子定規にいつまでたっても丁重なホテルマンのような言葉遣いのままで良いというわけでもありません。信頼関係のレベルによって、あるいは相談者のタイプによって、**丁寧語の中で工夫して親しみを表現する**ことも大切なのです。
　例えば、
　　・「〇〇様」と言っていたのを「〇〇さん」に変えてみる
　　・名字で呼んでいたのを、時々名前で呼んでみる（家族の相談など同じ名字が多い相談では、やりやすいと思います）
　　・「私たち」という言葉で一体感を表現する
　　・言葉遣いとは違いますが、前回会った時に話していたネタ（世間話など）を再度聞いてみる
などです。

③**気遣いを言葉にする**
　信頼関係を築いていく上で効果的なのが、**気遣いを言葉にすること**。
　例えば、
　　「お忙しい中、おいで下さってありがとうございました」
　　「暑い中、大変でしたでしょう？」
　　「重たい悩みを抱えてらしたんですね」
　　「荷物はこちらの上にどうぞ」
などです。
　何気ない会話の中で、このように気遣いを表す言葉を入れていくと、相談者が受ける印象も変わってきます。**大切にされていると実感できる**んですね。慣れないとなかなか自然に出てこないので、初めは、意識して言葉にすることが大事になってきます。

④**表現したいことによって、言葉は変わってくる**

　あなたが何を伝えたいかによって、使う言葉は自ずと決まってきます。だからまず、何を伝えたいのか、何を表現したいのか、ということを明確にしないといけません。

　例えば、相談で会う時に、**その日のテーマを決めてみたらどうでしょうか**。今日は初めての相談だから、安心できる存在をテーマにしようとか、悩みについて徹底的に聴くことをテーマとするとか、今日は選択肢をしぼるための話の整理をテーマとするなどです。

　目的やテーマが決まると、「そのために効果的な言葉は何か」と考えが及ぶようになります。

POINT! 5. 言葉を使わずに演出（コミュニケーション）する

　ここからは、言葉以外のやり取りで演出する方法についてお伝えしたいと思います。他の項でお伝えしているものを除いて全部で10種類。

　細かいことも多いと思うかもしれませんが、**小さなメッセージを積み重ねる**ことで相談者に私たちの意図するものを感じてもらうことができるようになります。

POINT! 6. 資料にこだわろう

　相談を受ける時に、資料を渡すことも多いのではないでしょうか。
　その資料でも、色々な演出ができます。具体的には、

- ・紙質はどうか？
- ・印刷か？　手書きか？　プリンターか？
- ・白黒か？　カラーか？
- ・見た目がキレイか？
- ・資料の他に何か役立つものを渡せるか？

などのポイントがあります。

　事務仕事にも質があるというのが私の持論です。Ａ４の紙１枚の文書だって、**デザイン性がある**と思っています。また、印刷の文字だけでなく、一言手書きを添えることで、ちょっとした気遣いを伝えることもできます。

POINT! 7. 持ち物で表現しよう

相談者は、相談に対応する私たちがどんな人なのかを知るために、どんな物を身に付け、どんなものを使っているのかというのを、意外としっかり見ています。

具体的には、
- 時計（どんなブランド？　デザイン？）
- ボールペン（一般的な事務用品か？　もう少しいいものか？）
- メモ用紙（ノート？　紙？　裏紙の再利用？）
- バインダー

などは、相談での必須アイテムですので、相談のシチュエーションに合ったものはどんなアイテムかと考えてみるのも良いと思います。

特に高額な費用がかかるサービスを提供する場合、あまり安っぽいものを使っていると、その**ギャップ**に、相談者は困惑してしまいます（その逆もしかりです）。

POINT! 8. 服装に気を遣おう

そして、私たちが着ている服装でも色々な演出ができます。
具体的には、
- ラフな服装か？　きっちりとしたフォーマルな服装か？
- 相談者の生活に合った服装か？
- 相談内容に合わせた服装か（高価な話なら服装もそれなりに）？

などです。

伝えたいことを**効果的に伝えるための雰囲気**が、服装でも作ることができるのです。

例えば、
- 信頼関係を作るためには、相談者の期待を裏切らない服装
- 安心感を伝えるためには、相談者があまり緊張しないような服装
- 大事なことを伝えるには、少しきっちりとした服装

などです。

POINT! 9. メイクで外見を整えよう

女性の場合は、服装だけでなく、**メイク**も外見の重要ポイントです。具体的には、自分らしいメイクが良いのか、相手に合わせたメイクが良いのかということです。相談者の年齢や性別、職種や経験によって、メイクのとらえ方が違っています。

例えば、長年主婦をしていた高齢の女性は、あまりよそ行きの気合いが入ったメイクは「きつい」と感じるかもしれませんし、接客業の経験がある人は、ばっちりメイクでも抵抗がないかもしれません。

基本は、相談者に合わせたメイクというのが第一にきて、その中で、自分に似合うものにしていくことが良いのかと思います。

POINT! 10. 髪型をセットしよう

外見の演出が続きますが、今度は髪型について。
具体的には、
- 髪の毛の長さ（男性も女性も）はどのくらいか？
- 前髪の長さはどのくらいか？
- セットしているか？　その程度は？
- 髪をまとめるか？
- パーマをかけるか？

などのポイントがあります。

髪型も外見を作る大事な要素です。基本的には、接客業ですから、**清潔感が基本**となると思います。例えば、男性のワイルドな長髪は一般的に見て、清潔感に欠けますし、女性でも激しいパーマなどは同じです。

また、髪を結っていなくて、顔にかかってしまい、顔の表情が見えなくなっている方も時々います。相談者にとっては、相談を受けてくれる人が、どんな人で、どんな気持ちで聞いてくれるのかというのに興味があります。だから**顔の表情が読み取れないと、不安に感じてしまう**場合が多いのです。清潔感からしても、結った方が良いのではないかと思います。ただ、それも相談のシチュエーションや、何を伝えたいのかによって、変わってきます。

例えば、音楽業界やファッション業界であれば、それにふさわしい髪型は

上記のものとは違ってくるはずです。

POINT! 11. 表情を意識しよう

　あなたは、**顔の表情**を意識していますか。普段の会話では、自分の顔がどんな表情なのか、あまり気にすることはないと思います。

　しかし、相談の場面では、表情が大きな要素なのです。なぜなら、相談者はあなたの表情を見て、「どう思っているのか」を判断しているからです。それは私たちも同じですよね。

　　・相談者の顔が沈んでいれば、何か嫌な気分なのか？
　　・眉間にしわを寄せていれば、話が難しすぎたのか？
　　・目が輝いてくれば、今後の見通しが明るくなったのか？

など、顔の表情というのは、コミュニケーションにおいて、とても重要な判断材料なのです。

　だからこそ、**「顔の表情で伝える」という演出のチカラ**は大きいのです。

　例えばテレビドラマで役者さんは台詞のみで演技をするわけではありません。多くを語らなくても、顔の表情で演技をすることによって、私たちはその人の思いや感情を理解するのです（役者さんは顔の筋肉をほぐしたりするトレーニングをするほどです）。

　それでは、相談の場面で具体的にどのようにすればよいのでしょうか。相談者の話、感情を理解しているということを伝えたいなら、相談者の話の**感情に合わせる**という方法があります。例えば、悲しい話なら悲しい表情、つらい話ならつらい表情、喜んだ話なら喜びの表情という具合に。

　また、私たちが**伝えたい内容にふさわしい表情**をする方法もあります。例えば、安心してほしいということを伝えたいならにこやかな表情とか、真剣に考えてほしいことを伝えたいなら、まじめな少し堅い表情をするなどです。

　話の内容と表情に「ズレ」があると相談者は違和感を感じるので、そこには注意して下さい。

POINT! 12. しぐさにも気を配ろう

　続いては、身振り手振りなどのしぐさです。

これには、「マナーとしてのしぐさ」と「演出としてのしぐさ」の二つのポイントがあります。

まずは「マナーとしてのしぐさ」ですが、相談の仕事とは、接客サービス業の面もあります。ですから、相談者の話を聞く時に足を組んだり、肘をつきながら話を聞いたり、説明する時に資料をペンで指したりするのは、**最低限のマナーができていない**状態と言えます。

ここは相談以前の問題ですので、油断しないように気を付けて下さいね。

そして、「演出としてのしぐさ」ですが、まず、大きな身振りや手振りをしながらコミュニケーションをすることで、活動的な印象を与えるという効果があります。そして、細かい部分にはなりますが、

・手の位置が机より上か下か？
・話を聞いている時に手や腕はどうなっているか？
・ペンを回すなど手癖のようなものがあるか？

など気にかける部分はたくさんあります。

その中で、信頼関係を築くのに基本的なしぐさがあります。それは、相談者のしぐさを真似ること。鏡になるという意味で、ミラーリングと言ったりもします。

ただ、あからさまに真似るのは当然逆効果ですので要注意です。相談者にとっては「馬鹿にしてるのか？」ということになってしまいます。このミラーリングは、**「真似る」という部分だけが一人歩きして、誤解をしている人が本当に多い**ので、そこはしっかり理解してほしいです。

しぐさを真似ることの意味は、しぐさを真似てみることを通して、**ペースを相談者に合わせる**こと。だから大切なのは、表面上真似ているかどうかではなく、心臓の鼓動や呼吸がシンクロするくらい、相談者のペースに合わせているかということなのです。その最初の一歩として、しぐさを真似るところから初めてみるのがミラーリングの趣旨なのです。

ペースが合うと、何とも言えない安心感や話しやすさを感じてもらうことができますから効果はあります。表面上にならないよう気を付けて下さい。

POINT! 13. 目線を気にしよう

そして、目線についても気にしましょう。会話をしている時、「どこを見

ているか？」ということでも演出をすることができるからです。

　なぜなら、**目線によって、感情が伝わる**からです。例えば、目を見られると、真剣な思いや一生懸命さが伝わりますし、顔を見なければ、独り語り風になります。目をそらすと、自信のなさや後ろめたさが伝わります。

　また、目を見る頻度を調節したり、アイコンタクトのタイミングを重要な話に合わせたりすることで、ここは分かってほしいという気持ちを伝えることもできます。ソフトな目線で安心感を伝えたり、真剣な目線で重要性を伝えたりすることもできるのです。

　基本的には、目を合わせながら、相談者の顔に目線を送るというのが多いです。ただし、目を合わせる頻度については、心地よい頻度が相談者によって異なりますので、ただたくさん目を見ればよいというわけではないことに注意して下さい。

　そして、タイミングもありますが、顔以外に目を向けて、色々観察するのも大切なことです。どんな服装で、何を持ち、どんな態度で相談に来たのか、など、観察するだけで手に入る情報は多くあるのです。

POINT! 14. 口調についても意図的に

　次は口調についてです。これは「言葉以外」のノンバーバルコミュニケーションの中でも、重要な要素です。

　口調というのをもう少し分解すると、

- ・声の大きさ
- ・話のスピード
- ・声の高さ
- ・言葉の明瞭さ
- ・声色
- ・言葉のリズム
- ・声を出している方向

などがあります。

　例えば、一般的な話をすると、安心感を伝えたい場合は、高音で速いよりも**低音でゆったり**している方が効果があります。また、声に表情をつけて、優しそうな声を出したり、まじめそうな声を出したりすることもできますし、相談者に注目してもらいたい時には、あえて声の大きさやスピードを変えたりできます。

　また、実際の相談の場面では、相談者のペースを感じて、それに合わせる

ことも多いです。例えば、
- ・早口な人には早めに
- ・ハッキリとした口調の人には、ハッキリと　など

　これは、相談者が似ているものに親しみを感じ「なんか話しやすい」と思ってもらうことにつながるからです。

POINT! 15. 姿勢には気を付けよう

　最後にお伝えするのは、**姿勢**についてです。背筋が伸びているかということも、大きく印象を変えますが、身体の傾きがコミュニケーションに与える影響も大きいのです。

　具体的には、身体を相談者の方に向けて前にかがみ気味になっていると、「話を聞きたい」ということが伝えられますし、逆に後ろに引いていると、「今その話をする時ではない」とか「聞きたくない」「自分とは関係ない」などのメッセージが伝わります。

　ほんの少しの違いですが、相談者の印象は変わりますので、意識してみて下さい。

POINT! 16. 矛盾は混乱させる

　今まで紹介した演出方法全てに言えることですが、「表現したいこと」や「伝えたいメッセージ」と様々な演出が、**みんな同じ方向を向いていないと効果的に伝わりません。**

　例えば、「心配です」と口では言っているのに、ニヤリと笑みを浮かべていたり、「この話は大事な部分です」と言っているのに、目線があさっての方向を向いていたりしては、メッセージの矛盾ばかりが目立ち、相談者を混乱させてしまうのです。この部分は注意して、演出方法を実践してみて下さい。

スキル12 2. 信頼と共感の相談力（Step 1 信頼関係を築く）
相談者の話を聴く
― 傾聴について ―

POINT!
1. 最も基礎的なスキル「傾聴」
2. なぜ、相談では聴くことが大事なのか？
3. 傾聴で信頼関係を築く
4. 傾聴で情報収集する
5. 傾聴でカタルシス効果を促す
6. 相談者の話を受け止める（受容）
7. 「受け止める」とはどういうことか

POINT! 1. 最も基礎的なスキル「傾聴」

多くの文献で言われていることですが、相談対応は聴くことから始まります。

相談対応のプロと初心者を比較した時に、**意識的に、積極的に聴いているかどうか**、という部分が最も大きな違いなのです。

この、意識的に、積極的に相談者の話を聞くという意味で「傾聴」という言葉が使われます。初心者の方はこの「傾聴」を身に付けることから始めていきましょう。

POINT! 2. なぜ、相談では聴くことが大事なのか？

それでは、なぜ、相談では聴くことが大事なのでしょうか。その理由は三つあります。一つは、**信頼関係**を築くため。もう一つは**情報収集**するため。そして、**カタルシス効果**を促すため。

ここでは、この三つの理由を学ぶことで聴くことの重要性を理解しましょう。

POINT! 3. 傾聴で信頼関係を築く

　相談対応では相談者との信頼関係が不可欠です。前述した相談の三つのステップでも、最初の項目に信頼関係を位置付けているくらいです。
　その信頼関係を築いていくには、話を聴くことがとても重要なのです。なぜなら、信頼関係を築いていく大きな要素に「この人は自分の事を分かってくれる」という感覚があるからです。
　あなたのことを本当に理解してくれている人がいたら、信頼を寄せやすいというのは分かると思います。**「なんで私の気持ちが分かるの？」**というくらいぴったりと自分の気持ちに添った対応をしてくれたら、信頼を通り越して、その人のファンになってしまうかもしれません。
　そこで、相談を受ける私たちとしては、相談者に「自分のことを分かってくれる」と思ってもらうために、話を聴く必要があるのです。

話を聴くことが信頼関係につながる流れ

> ①相談者に興味があることを伝え、話を聴く
> 　　↓
> ②気持ち良く話してもらう
> 　　↓
> ③相談者のことに詳しくなる
> 　　↓
> ④相談者の気持ちに共感できる
> 　　↓
> ⑤それを相談者に伝える
> 　　↓
> ⑥自分のことを分かってもらえたと感じてもらえる
> 　　↓
> ⑦相談対応者に信頼感を持つ

　聴くことで信頼関係を築くためには、初めに、相手のことに興味があるということを伝えることから始めます（詳しくは【スキル14：話を引き出す】を参照）。これは受け身や待ちの姿勢ではありません。時々聴くことが大事

という話をすると、黙って相手が話すのを待っている方がいますが、そうではないのです。

興味があることを伝えるには、**私たちの方から**発信する必要があります。

興味があることを伝える発信の例

> ・興味を持って質問をする
> ・「それって○○なんですか？」と発展的に話を進める
> ・「もっと詳しく教えてもらってよいですか？」などと話題を掘り下げる
> ・身を乗り出して、メモを取りながら聴く
> ・目を見て、うなずきながら話を聴く
> ・感情を込めた相づちをうつ

POINT! 4. 傾聴で情報収集する

相談対応とは、オーダーメイド、つまり相談者一人ひとりによって異なる、個別の対応です。なぜなら、相談者個人が抱える悩みや問題を解決するために、相談者の様々な変化をもたらすのが相談だからです。

つまり、相談者の抱える悩みや問題とは何か、そしてその背景は何かなど、**詳細な情報が分からなければ、解決の方向すら決まらない**のです。その情報を持っているのは相談者です。もちろん、周囲の家族や関わっている専門職なども異なる視点からの情報を持ってはいるので、必要に応じて情報収集していくことも求められます。しかし、悩みや問題を抱えている当事者である相談者の話を聴かずして相談は進められません。

あまり話を聴かずに求められたアドバイスをしたら、**実は的外れだったという失敗談**も割と多いですが、それは相談者本人から聴くというプロセスを飛ばしてしまっているからです。

また、情報収集というと「事実確認」というイメージがあると思いますが、それだけではありません。相談者がどのように感じているか、どのように考えているか、どんな言葉を使って、何を訴えているか、というようないわゆる「事実確認・状況確認」以外の情報も、私たちの相談対応の根拠となるの

です。

　オーダーメイドの洋服を作るには、サイズ測定から始めます。それは相談も同じこと。**様々な情報を把握せずに、個別対応はできない**のです（相談者の話を整理するスキルについては、【スキル４：話の三つの要素を把握する】を参照のこと）。

POINT! 5. 傾聴でカタルシス効果を促す

　人は、自分の悩み、思いや感情などを言葉にして表現すると、**そのこと自体が、不安な気持ちやイライラを解消させ、安定的な気分**になります。そのことを心理学の用語では、「カタルシス効果」と言います。

　あなたにも経験がありませんか。例えばコンビニ店員の対応が悪くて、イライラしている時、同僚に話すことによって、気持ちがスッとした経験が。

　言葉にしている時点で、考えを整理しますから客観的になれますし、声を出すことも、その効果を増しています。相談者はよく「アドバイスしてほしい」「話をお聞きしたい」などと言うことも多いのですが、むしろ**自ら話すことから得られる満足感**が相談に与える影響は大きいのです。

　だからこそ、いきなり私たちがアドバイスするのではなく、まずは相談者の話を聴く。そのことで相談者の気持ちが安定し、満足感も得てもらえるのです。問題解決のための一歩を踏み出すためには、気持ちが安定していることが土台になりますから。

POINT! 6. 相談者の話を受け止める（受容）

　相談者の話を聴くことの重要性をお伝えしてきましたが、ただ聞いているだけでは十分ではありません。そこで必要になるのが、相談者の話を「受け止める」ということです。それでは、なぜ「受け止める」ことが必要なのでしょうか。

なぜ「受け止める」のか

> ①相談者を理解する上で邪魔になる「先入観」を持たないため
> ②不用意な反応で信頼を損なわないため

私たちは相談の仕事から離れればひとりの人間ですから、自分の好みや価値観を持っています。しかし、相談でそれらを主張することはありません。なぜなら、相談者に対する**否定につながる可能性があるから**です。

例えば「親の介護は子どもが積極的に関わるべきだ」という考えを相談対応者が持っている場合に、相談者は「親と一切関わりたくない」と、対応者の考えと正反対の考えを持っていることもあります。その時に「この相談者は親の面倒も見ない自分勝手なろくでなしだ」という先入観で一刀両断してしまったら、到底信頼をしてもらうことはできませんし、相談者が抱える悩みを理解することもできません。また、相談対応者に親を介護することに強いこだわりがあると、違う意見を聞いた時に、拒否的な反応をしてしまうこともあります。

だから、私たちが持つプライベートの好みやこだわりは**少し封印**して、相談者を「受け止めよう」と意識していく必要があるのです。

POINT! 7.「受け止める」とはどういうことか

「受け止める」こととは、相談者からどんな話があっても、心を乱さずに、そのままを受け止めるということで、相談者を理解するための第一歩です。

キャッチボールに例えると、**どんなボールでも捕って、返してくれる**というイメージでしょうか（もしかしたらボールではないものを投げてくるかもしれませんが、それにすら対応してくれるという安心感です）。

そのためには、相談者の意見や考えに同意する必要もありませんし、逆に「許せない」とか「理解できない」などと拒否的に考えてしまってもいけません。つまり、「受け止める」ということは、目の前の相談者が言っていることを**良い悪いではなく、そういうことを言っている事実をそのまま事実としてとらえる**ということなのです。

「受け止める」と似て非なるもの

納得ではない

「受け止める」とは、納得することではありません。

相談者の話に納得できたらそれに越したことはないかもしれませんが、相談者は様々。考え方も様々です。中にはきっと**あなたが納得できない話もあります**。場合によっては反社会的な考えを持っていたり、倫理的に良くない話をすることもあるのです。

しかし、**その考えに納得する必要はありません**。別に相談者の考えに OK が出せなくてもよいのです。そう考えている事実を事実としてとらえることが「受け止める」ということなのですから。そこに至った経緯や事情については納得することもできますけどね。

受け入れるわけではない

「受け止める」ことは、「受け入れる」こととも違います。

自分の中で相談者の考えに同意する必要はありませんから、**受け入れなくてよい**のです。相談者によっては正反対の意見を持っている場合もありますから、そのたびにそれを自分の中に取り入れたら、**私たち自身の整合性がとれなくなってきてしまいます**。

相談者の話に合わせて私たちの意見を変えるのではなく、そういう考えを持つ存在であることを認めるだけなのです。

スキル13　2. 信頼と共感の相談力（Step 1 信頼関係を築く）
安心感をもたらす
－堂々とした対応・日常感の演出－

POINT!
1. 安心感をもたらすコミュニケーション
2. 堂々と対応する
3. 堂々と対応する方法
4. 専門職として最低限の研鑽を積む
5. 相談の経験を重ねる
6. 堂々と対応できるマインドセット（心構え）を持っている
7. リラックスしてもらう
8. 相談者の不安を解消するための五つの方法
9. 素の自分を表現してもらう

POINT! 1. 安心感をもたらすコミュニケーション

　相談において信頼関係を築いていくには、相談者に**安心感を感じてもらう**ことが重要です。なぜなら、相談者が抱えている悩みや問題について話すのにも、感情や自身の考えを表現するのにも、普段の生活では感じないような緊張感や羞恥心を持つものだからです。悩みが深刻であればあるほど、「本当に話してよいのかしら？」とか、「恥ずかしいからあまり話したくない」などと考えてしまいます。

　その壁を突破するのが、**「この人なら大丈夫」**という安心感であり、リラックスできる環境なのです。

　ここでは、安心感をもたらすための、堂々とした対応や日常感の演出について学んでいきます。

POINT! 2. 堂々と対応する

　相談者に安心感を感じてもらうために身に付けたいのが**「堂々とした対応」**です。

例えば、あなたの家の洗面所の蛇口から水があふれて、止まらなくなったらどうしますか。チラシやタウンページなどを見て、慌てて水道屋さんを呼ぶと思います。**水道屋さんはその道のプロです**。少なくとも私たちは、プロだと思って呼ぶわけです。ですから、何食わぬ表情であふれ出ている蛇口を見て、「これは○○が原因ですね」なんて言いながら、淡々と修理をしてくれる…それを私たちは期待しているのです。

水道屋さんの詳しい事情は私たちには分かりません。もしかしたら勤めたばかりの新人かもしれないし、先月会社を立ち上げたばかりの業者かもしれないのです。そんな事情に関係なく、「いざという時はお電話下さい」というチラシの一言で、私たちはプロが来るものだと思っているのですね。

そこで、家に来るなりオロオロし始めて、不安げな表情で蛇口をいじったり、明らかに動揺しているのが分かったりすると、「大丈夫かな？」と思ってしまいます。蛇口が壊れたことですでに不安なのに、来た業者が頼りなかったら、二重で不安になるのです。

相談も同じです。「ご相談下さい」と言っている時点で、**相談者は私たちのことをプロだと期待しています**。それこそ私たちの事情は一切分かりませんから。

実は対応するのが相談初心者であっても、勉強中の身であっても、そんな事情はお構いなしに、プロの対応を期待しているのです。プロを期待してくる相談者への接し方で大切なのが、私たちの対応で、目の前の相談者を不安にさせないということです。そのために堂々としている必要があるのです。

なぜなら、**相談者が最も不安になるのが、対応している私たちが不安を感じているというのが分かった時**だからです。オロオロしたり、不安げな表情をしたりしてしまう結果、相談者に不安が伝わってしまう。それによって相談者は不安になるのです。

相談するには信頼関係が基本になりますが、不安が伝わったことで、プロであるとの期待が裏切られると、なかなか信頼関係の構築には至りません。だからこそ、堂々と何事にも動じずに対応するのが良いのです。

POINT! 3. 堂々と対応する方法

まず初めにお伝えしたいのが、堂々と対応できるかどうか。というのは、

相談対応者の精神状態に要因があり、堂々としていない態度というのは、相談に対応する私たちの**自信のなさや不安が引き起こす**からです。

ただ、自分の中に要因があるということは、それを改善することができるということですから、光も見えてくるわけです。コントロールできないことに要因があれば、それを改善することはできませんから。また、今回は仕事の面を取り上げますが、それ以外の、例えばプライベートの不安定さなども実は関係あったりするのが相談の奥深いところです。

堂々と対応するための三つの方法

> ①専門職として最低限の研鑽を積む
> ②相談の経験を重ねる
> ③堂々と対応できるマインドセット（心構え）を持っている

POINT! 4. 専門職として最低限の研鑽を積む

私たちが不安を感じる大きな原因の一つに、「相談者の抱えている悩みや問題の解決方法が見えない」ということがあります。本来大切なのは知識の量ではないのですが、そうは言っても、相談される専門職として最低限の知識を知らないというのは不安に感じるものです。

ですから、専門職として相談を受ける以上、知らなければならない**基本的な知識は、当然、勉強して身に付けることが必要**です。

例えば、保険の専門家なら保険のこと、美容師であれば髪形やパーマのかけ方のこと、スポーツインストラクターなら効果的な運動方法のこと…などの知識を学ぶように、それぞれの専門領域の入門書レベルの知識は、相談を受ける者としては知らないといけません。応用レベルまで網羅するというよりは、**基本を押さえるというイメージ**で良いので、そこまで、ひたすら勉強すれば良いわけです。

私たちは専門職ですから、色々勉強しなきゃと思いがちですが（もちろん勉強は一生必要ですが）、相談に対応するための、最低限の基本的知識というのはそこまで膨大なものではありません。全て暗記するというより、どの本や資料のどの部分に書いてあるというのが分かる程度で良いと思います。

場合によっては、相談者に渡す**資料を見ながら対応する**こともできますからね。

POINT! 5. 相談の経験を重ねる

　そして二つ目の方法は、相談の経験を重ねる、ということです。ベテランの相談員が落ち着いて対応できることはよくあることですし、「何年も続けてきてようやく堂々とできるようになった」という方も多いです。

　経験を重ねることには二つの意味があります。一つは、専門職として色々な事例を体験すること。もう一つは、相談の成功体験を積むことです。

　色々な事例を体験するということは、文字通り、相談を何件も何件も受け続けていれば自動的に、私たちの経験値や扱った事例の数も増えてきます。それによって、専門職としての引き出しが増えてきて、自信の根拠になるわけです。

　しかし、一つ問題があります。基本的に相談は個別性が高いので、**未知の事例はなくならない**のです。例えば私は、6,000件以上の高齢者の生活や介護に関する相談を受けていますが、それでも、次の相談で初めて扱う問題が出てくる可能性も大いにあるのです。

　ですから、「事例の数やもっている知識だけ」に依存してしまう考え方は、結局知らないことに対する不安を呼び、堂々と対応できなくなってしまうのです。

　一方、相談というのは、たとえ対応する私たちに知らないことがあっても、上手くいくものなのです。というのは、相談者との**信頼関係こそが重要**で、そこからスタートしますし、ゴールは相談者の変化と悩み・問題の解決です。私たちがその場で、試験のように答えを出さなければいけないというわけではないのです。

　そういった意味で、**未知の内容であっても、しっかり信頼関係を築いて、問題を解決できた**という成功体験の積み重ねが不安をなくしていくのです。むしろ「経験」というのは、初回相談で知らないことがあっても、信頼関係や相談のゴールにはあまり影響ないことを実感する(成功体験)ためのトレーニングであるという側面もあるような気さえします。

POINT! 6. 堂々と対応できるマインドセット（心構え）を持っている

　堂々と対応できるマインドセットとは、相談の善し悪しに関わってくるのは**知識ではなく、私たちの相談対応**である、という心構えです。

　特に序盤は相談者の話を聴くことに集中します。覚えていない知識や、アドバイスに必要な知識については、調べればいくらでも補うことができますから、それよりも、相談者がどんな状況にあって、何で悩んでいるのかを聴いて下さい。

　本書でも様々なスキルを紹介していますし、目の前の相談者の話を聴くことは、専門知識を問われる試験と比べれば、私たちが不安を感じる要素は少ないはずです。

POINT! 7. リラックスしてもらう

　相談とは、非日常のコミュニケーションです。しかし、その中で相談者にいつも通りに**リラックスして語ってもらう**ことも大事です。相談者が緊張してしまい、堅くなっている状況では、なかなか本音を引き出したり、深い悩みを語ったりすることは難しいですからね。

　そこで大事になってくるのが、**「普段通りの安心感」**を感じてもらうということです。例えば、いつも飲み慣れている飲み物はリラックスさせてくれます。緑茶をすすると落ち着くという方もいますし、コーヒーの香りでリラックスする人もいます。

　あるいは、相談に乗る場所も大きな影響があります。いつも暮らしている自宅で話を聴くのと、初めて行く場所で話を聴くのでは、相談者の表情が違ってくるのが分かると思います。また、自宅以外で相談に乗る時は、相談者が慣れている場所で会うというのも一つです。私の場合、お客様の行きつけの喫茶店で話をお聴きすることはよくありますし、馴染みのお寿司屋さんで相談に乗るなんてこともありました。

　「普段通りの安心感」を感じてもらうために、様々な**「日常」を演出する**工夫を考えてみて下さい。

POINT! 8. 相談者の不安を解消するための五つの方法

ここでは、不安を解消するための五つのポイントをお伝えします。

不安を解消するための五つの方法

> ①整理による問題の明確化
> ②言語化による認識の変化
> ③情報提供・アドバイス等による解決過程のイメージ化・明確化
> ④やり取りの結果、醸成される信頼関係による安心感
> ⑤悩みや問題の解決

①整理による問題の明確化

最初に挙げられるのは、整理による問題の明確化です。

なぜなら、話をちゃんと聞いてもらえているという実感が持てますし、相談者の中で、すっきりと理解できるからです。

不安の要素の中に、**未知なるもの（認識できないもの）への不安**、というのがあります。

多くの場合、相談者は悩みや問題の真っ只中にいるので、なかなか客観的に情報を整理することができません。つまり、頭の中がこんがらがって、混乱している（＝見えていない）状態なのです。

その状態を、一つひとつ情報を整理していくことで、**問題そのものや、周辺の状況を客観的にとらえることができる**ようになります。つまり、それまで見えにくかったものが見えてくるわけです。すると、未知なるものへの不安が薄れる…つまり、安心感につながるのです。

②言語化による認識の変化

次に、言語化による認識の変化です。

悩みの解消や問題の解決には、大きく分けると二つの方向があります。

一つは**悩みや問題自体を解決**する方法。そしてもう一つが、悩みや問題と感じている**相談者の認識を変える**方法です。

不治の病に代表されるように、**世の中の悩みや問題は全て解決できるわけ**

ではありません。だからその場合は、相談者の認識を変えることが必要なのです。そのために効果的なのが、言語化。つまり相談者自身の口で、抱えている問題について語ってもらうのです。

　言葉にするということは、相談者の頭の中では様々な思考をしていくことですから、認識の変化につながるのです。

③情報提供・アドバイス等による解決過程のイメージ化・明確化

　そして、解決の過程をイメージ化・明確化することも不安を解消します。

　問題をどうやって解決すれば良いのかということが分かれば、あとはそれを実行するだけですから、やるか、やらないか（あるいはやりたいか、やりたくないか？）という話になります。

　その**解決過程をイメージできない状態というのが不安**なのですね。ですので、それを専門職である私たちが、相談者が問題を解決していく過程をなるべく具体的にイメージできるように手伝っていくのです。

④やり取りの結果、醸成される信頼関係による安心感

　相談自体に不安を感じている場合は多くあり、相談を進めていく前提とさえ言えますが、信頼関係を築いていくことで、相談に対する不安は解消していきます。

　これまでも、様々なスキルで信頼関係を築いていく方法をお伝えしてきました。順番こそ四番目に挙げましたが、**相談の基本**ですね。

⑤悩みや問題の解決

　そして最後は、抱えている悩みや問題の解決です。

　根本的な話になりますが、やはり人間には即物的な側面がありますから、**成果を実感する**ことが最も強力な安心材料になります。

　相談はここに向かって、様々なプロセスを積み重ねていくのです。長期的な視点で見れば、一つの問題が解決しても、新たな悩みや問題は尽きませんけどね。

POINT! 9. 素の自分を表現してもらう

　前述した五つの方法で安心感を感じてもらうと、次の段階に進みます。安心感をもたらすことによって、他の人に気を遣ったり、評価を気にしたりすることなく、相談者自身が思ったこと、感じたことを**素直に表現できる**のです。

　それは、言ってしまえば、相談者の**「自分らしさ」の解放**。今の時代（いつの時代もそうかもしれませんが）、様々なしがらみや人間関係が、知らず知らずのうちに、「自分らしさ」を制限しています。飾らなくても、格好付けなくてもいい。素の自分を受け止めてくれるという実感。

　この感覚は安心の極みと言え、その意味で**「癒し」と深くつながる**ものです。また、相談を先に進めるため、つまり、悩みや問題を解決しようとするための、**モチベーションの源泉**になるのです。

スキル14　2. 信頼と共感の相談力（Step 1　信頼関係を築く）
話を引き出す
— 話しやすさは相談しやすさ —

POINT!
1. 話しやすさは相談しやすさ
2. 興味を持つ
3. 反応をしっかりと伝える
4. 質問で話を掘り下げる
5. 話してもらえない場合はどうするか？

POINT! 1. 話しやすさは相談しやすさ

相談では聴くことが重要ですが、聴くことの本質は何なのかというと、それは**「相談者に話してもらうこと」**です。

相談はオーダーメイドですから、相談者の様々な情報がないと組み立てられませんし、たとえ対応者が相談者の情報を持っていたとしても、**あえて尋ねる**必要があるのです。なぜなら、相談の初期のうちに信頼関係を築くためには、相談者の口から語ってもらうことにこそ意味があるからです。

つまり、相談では相談者に話してもらうことこそが重要で、その意味では、相談者にとって話しやすい人が、相談しやすい人とも言えます。そのために私たちは、**話を引き出すコミュニケーション**をとる必要があるのです。【スキル2：相談者を主役におく】でもお伝えしたように、インタビュアーになったつもりで、気分良くスムーズに話してもらうようにしましょう。

POINT! 2. 興味を持つ

相談者に語ってもらうには**相談者を「ノセる」**ことが近道です。つまり、心地良く話してもらうのがポイントなのです。私たちが質問で詰まってしまったり、アンケートのように機械的になってしまったりすると、相談者は白けた気持ちになってしまいますから、そうならないように質問したり、相談者の話を促したりしていく必要があります。

そのコツが、相談者に興味を持つということなのです。なぜなら、興味を持ったことは、次々と質問があふれ出てくるからです。

　例えば、**あなたが「初恋」をした時のことを思い出してみて下さい**。相手がどこで生まれて、どんな家族とともに人生を送ってきて、どんな趣味を持っていて、髪形や服装の好みは何なのかなど、知りたいことが次々と自然に頭に浮かんだのではないでしょうか。その要領で話を聞いていくのです。

　また、「自分に興味を持ってくれている」ということを相談者が感じれば、話にも熱がこもり、色々なエピソードを話してくれるようになります。

POINT! 3. 反応をしっかりと伝える

　相談者に興味を持つ、具体的な話の掘り下げ方として、最も重要なのが反応をしっかりと伝えるということです。相談者の話を聴いて、対応者が頭の中で興味を持つだけでは十分とは言えないのです。なぜなら、興味は**あえて「伝える」**ことをしないと相談者には分からないからです。

　大事な視点は、相談を受ける私たちが「興味を持っているのか？」ではなく、「相談者が」私たちの反応を「興味を持ってくれていると感じているか？」ということなのです。

言葉で興味があることを伝える具体例

> 「すごいんですね」
> 「このお話、面白いですね」
> 「もっと詳しくお聞きしてもいいですか？」　など

　直接的に「興味がある」ということを伝えます。

　ここではさりげなく言うのがポイントで、独り言のような雰囲気で言うこともあるくらいです。あまりにわざとらしくなってしまうと逆効果ですので、自然に言えるチャンスがあれば…というくらいでよいのではないでしょうか。

　また、話を聞いて感じた感想を言うことも効果があります。

言葉以外の方法で興味があることを伝える具体例

> ・身を乗り出して聞く（姿勢）
> ・相づちに感情を込める（口調）
> ・相談者の目を見る（目線）
> ・話の内容に合った表情になる（表情）　など

言葉以外の方法の方が自然に伝わりますから、頻度はこちらの方が多いです。

POINT! 4. 質問で話を掘り下げる

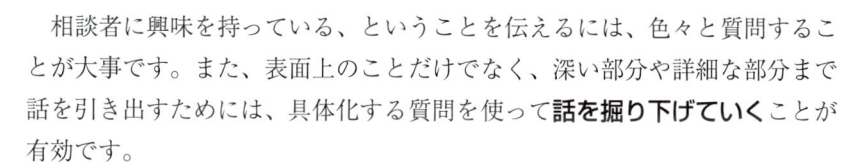

相談者に興味を持っている、ということを伝えるには、色々と質問することが大事です。また、表面上のことだけでなく、深い部分や詳細な部分まで話を引き出すためには、具体化する質問を使って**話を掘り下げていく**ことが有効です。

具体的には、次のような質問方法があります。

①具体化する質問１：５Ｗ１Ｈ

５Ｗ１Ｈ	具体化する質問の例
いつ？ (When)	時期について尋ねる 「それはいつ頃の話ですか？」 「その人と最後にお話ししたのは、何ヶ月くらい前ですか？」　など
どこで？ (Where)	場所について尋ねる 「出身はどちらですか？」 「以前はどこのマッサージに行っていたのですか？」　など
誰が？　誰と？ (Who)	人について尋ねる 「居間の片付けは誰がしてくれたのですか？」 「〇〇さんってどんな人なんですか？」　など
何を？ (What)	目的物について尋ねる 「何を買いに行ったのですか？」 「病院で何科に行ったのですか？」　など
なぜ？　どうして？ (Why)	理由を尋ねる ※詰問調にならないように注意が必要 「息子さんにお電話しないのは、何か理由があるのですか？」 「どうして奥様と結婚したのですか？」　など
どのように？ (How)	様子を尋ねる 「今日はどうやってここまで来られたのですか？」 「その時はどんな気持ちでしたか？」　など

②なぜ？と尋ねる効果

　５Ｗ１Ｈの質問の中でも、信頼関係の構築に効果的なのが、理由を尋ねる質問です。なぜなら、一般的には、**自分の思いを聞いてもらった時により強く、自分のことを理解してもらったと感じる**からです。

　例えば、あなたが両親の健康や介護のことで相談に行った時、どんなことに困っているのかということを聞かれた上で、なぜ（どういう思いで）相談に来たのか尋ねられたらどうでしょうか。自分が仕事で忙しく、思いはあってもなかなか直接介護することができない「もどかしさ」を聞いてくれたり、あるいは、自分以外の家族も色々問題を抱えていて、果たして両親の気持ちに沿った介護ができるのだろうかという不安な気持ちを聞いてくれたりしたら、より、自分のことを理解してくれたと感じませんか。

　この例でも分かるように、理由を尋ねることで、**言動の背景（相談者の内面）を聞くことができる**のです。そのことは、相談者にとって「自分を理解してくれた」という実感が持てるので、信頼関係を築いていく上で、非常に効果的です。

③具体化する質問２：あいまい語を明確化する

　続いての具体化する質問は、あいまい語を明確にする、というものです。
　ここで言う「あいまい語」とは、「あれ」「それ」などの指示語や、「たくさん」「少し」「高い」など漠然とした単位などです。
　「人がたくさんいたって、何人くらいいたんですか？」
などと、具体的に**数字や固有名詞**で表現してもらえるように質問すると、より話が「見えて」くるし、詳細を聞くことができるのです。

④具体化する質問３：もっと解説してもらう質問

　次の質問は、もっと解説してもらう質問です。
　「それはどういうことですか？」
　「もう少し詳しく、説明していただいてもよろしいですか？」
などと、**比較的自由に**話せるようにお聞きします。
　どこまで話をしてもよいのかと迷っている相談者には、安心して話したいことを話していただけるようになります。

⑤**具体化する質問４：経過を話してもらう質問**

　四つ目の質問は、その経過を話してもらう質問です。

　その話の前後の経過を話してもらうことにより、相談者が**たどってきた経過**（事実の経過・気持ちの変化）が分かるのです。

POINT! 5. 話してもらえない場合はどうするか？

　最後に、質問をしても答えに詰まってしまう相談者への対応や初対面で意志疎通がぎこちなくなってしまった場合の対処方法をお伝えします。それは、二種類の「答えやすい質問」をすることです。

　具体的には「はい」や「いいえ」、氏名など**一言で答えられる質問**と相談者が**言いたいことを聞く質問**の二つです。短く簡単に答えられることでスムーズな会話のキャッチボールを繰り返して、話しやすい雰囲気を作っていくのです。

スキル15　2. 信頼と共感の相談力（Step 1　信頼関係を築く）
心に寄り添う
－共感し共有する－

> **POINT!**
> 1. 心に寄り添うことで信頼関係を築く
> 2. 受容する
> 3. 共感する
> 4. 場・空気を共有する
> 5. 感情そのものを共有する

POINT! 1. 心に寄り添うことで信頼関係を築く

　信頼関係を築くというステップでの最後のスキルが、**心に寄り添う技術**です。相談者の心に寄り添うことで、信頼関係が確立するからです。
　ここでは、**受容・共感・共有**という三つの要素を活用して心に寄り添うということを具体的にお伝えしていきます。

POINT! 2. 受容する

　【スキル12：相談者の話を聴く】でも説明しているように、相談者の話を聴く上では、「受け止める」ということ（受容すること）が重要です。価値判断をせずに、相談者の**全てをそのまま受け止める**のです。
　ちなみに、「受け止める」とは、「同意する」でもなく、「受け入れる」でもなく、事実を了解することです。事実を了解するのであれば、私たちの好みや信条は関係ないですから。
　そして、何を「受け止める」のかと言うと、相談者の話も、態度も、今までの生活も生き方も人生も、良い部分も見たくない部分も苦手な部分も…文字通り「全て」です。なぜかと言うと、**例外なく、どんな部分でも受け止めてくれる**（あるいはその姿勢を伝える）ということが、相談者に安心感をもたらし、信頼関係の基礎となるからです。
　例えば、あなたが友人に「俺のことどう思う？　何でも言って！」と印象

スキル16　3. 変化への土台作り（Step2 受け取る準備をしてもらう）
受け取る準備をしてもらう
－変化の前提を作る－

POINT!
1. 信頼関係だけでは相談者は変化しない
2. 「受け取る準備」とは何か？
3. 信頼関係と受け取る準備
4. 同僚からの相談や部下へのスーパービジョン
5. 嫌な相手からは何も受け取れない

POINT! 1. 信頼関係だけでは相談者は変化しない

　話した感じが良くて、信頼関係はできているはずなのに、**なかなか意図した方向に話が進まない**…などということはありませんか。

　・ここだと思ってアドバイスしたのに、全然通じていない…
　・丁寧に情報を提供して、あとは本人が行動するだけなのに、全く動いてくれない…

　そんな経験は誰にでもあると思います。私たちとしては信頼関係ができていると思っているだけに、「なぜ動かないの？」と思ってしまいますよね。
　確かに相談では、信頼関係の構築が最優先です。しかし、信頼関係があるだけでは、相談者に変化をもたらし、抱えている悩みや問題を解決することにまで至らないこともあるのです。そこで必要になるのが、相談者に**「受け取る準備」**をしてもらうこと。
　相談者が「受け取る準備」ができている状態になって初めて、私たちの色々な働きかけが効力を発するのです。

POINT! 2.「受け取る準備」とは何か？

　「受け取る準備」について、もう少し詳しく考えていきましょう。「受け取る準備」ができている状態とは、私たち相談対応者の**働きかけやアプローチが相談者に影響を与えられる**状態のことです。

つまり、相談者に
- ・この人の話なら聞いてもよい
- ・この人に尋ねられたことはまじめに考えよう
- ・解決のためにはこの人の助けが必要

などと思ってもらうことなのです。いくらアプローチしても、それを受け入れる土壌がなければ、効果はありません。そのためにまず、扉を開けてもらうことが必要になるのです。

（この人の話なら聞いてもいいかも）

POINT! 3. 信頼関係と受け取る準備

　例えば、とても信頼できる美容師さんがいたとします。よく話を聞いてくれるし、自分の髪質のことも分かってくれています。また、髪型は気に入っていて、友人からもほめられる…。そんな**美容師さんに、本気で親の介護のアドバイスを求めるでしょうか。**

　美容師さんとは信頼関係で結ばれています。ですので、髪型のこと、美容のこと、肌のことなどは相談すると思います。なぜなら、専門職ですし、今までの経験で「この人は良い」と分かっているからです。

　ただ、親の介護のことはどうでしょうか？　愚痴をこぼすレベルであれば、話してみて、それを聞いてもらうことはできるかもしれませんが、悩みの解決に向けてとなると、難しいと思います。そのような状態で、仮にアドバイ

を聞かれたとします。その相手に、「正直に言うと、ちょっと髪形が似合ってないよ」と言ったら、「ふざけるなよ！　お前の方が似合ってないよ！センスないな～！」なとど「逆ギレ」された…などというシーンを思い浮かべてみて下さい。「「何でも」って言ったから親身になって、勇気を出して正直に言ったのに、「逆ギレ」なんて、「何でも」じゃないけど…。」と思うわけです。それは言ってしまえば、裏切り。**裏切りは、いつくるか分からないのが不安**なのです。

　その不安は、何を言っても（やっても）「全て」受け止めてもらえると感じてもらうことでしか解消できないのです。だから相談対応では「全て」を受け止めることが求められているのです。

POINT! 3. 共感する

　そして、受容の次にお伝えするのが、共感するということです。共感とは、**感情を共有する**こと。相談者の話やしぐさというのは、感情を伴います。特に悩みが深かったり、伝えたい思いが強かったりする場合はなおさらです。

　その感情を分かち合うということは、相談者にとって、上辺だけでなく深い部分で、自分のことを理解してもらえたという実感につながります。その実感は、「この人だったら相談できる」という、まさに信頼感なのです。

　それでは、感情を共有するというのは、どのようなことなのでしょうか？
　共感には二つの段階があります。一つは、場・空気を共有するという段階。もう一つが、感情そのものを共有するという段階です。

共感の二つの段階

> ①場・空気を共有する
> ②感情そのものを共有する

POINT! 4. 場・空気を共有する

　共感の第一段階が、場・空気を共有するという段階です。どういうことかと言うと、相談者が感情を表現している、**「今、この場」**を一緒に体験する

ということです。

　例えば、親を介護している家族同士が、相手のことを「あいつだけは許せない！」と声を震わせながら怒鳴ったとします。その怒りを表現している場やその空気というのは、相談者と私たちとで、一緒に体験していますよね。

　あるいは、相談者が、亡くなった伴侶を想い、涙を流して絞り出すように「もっと生きてほしかった…」と言ったとします。その愛情ややるせなさ、もしかしたら後悔なども含めて様々な感情が表現されていますが、それは決してひとり言ではなく、相談対応者も一緒にいる空間で発せられたものなのです。

　その体験を一緒にすることを、**場・空気の共有**と言います。共感はここから始まるのです。そのためにも、相談者が表現している感情を「感じる」ことが必要になりますし、さらに、どんな感情も「受け止める」ことが欠かせません。前提としては、相談者が安心して感情を表現できるような関係作りも必要になります。

　このように感情を表現した、場・空気を一緒に体験するということが**共感の最初のステップ**なのです。そして、慣れてきた方は、相談者の感情に反応する、私たちの心の動きを感じるということもやってみて下さい。それが第二段階につながってきます。

POINT! 5. 感情そのものを共有する

　そして第二段階が、感情そのものを共有することです。そのために、今度は私たちが感情を表現します。これは二つの方法があって、**相談者の感情そのまま**を表現する場合と、**引き出された私たちの感情**を表現する場合とがあります（感情表現については【スキル33：感情表現をマスターする】も参照のこと）。

感情そのものを共有する二つの方法

> ①相談者の感情そのままを表現する
> ②引き出された私たちの感情を表現する

①相談者の感情そのままを表現する
　先ほどの怒鳴った例ですと、この方法では「怒り」という感情をそのまま表現することになります。例えば、眉間にしわを寄せたり、厳しい目つきにしたり、語気に怒りの成分を含めたりします。そうすることで、相談者の話の中身だけでなく、**感情も理解している**ということが伝わります。二人で同じ感情を、まさに共有することになりますから、深い部分で自分のことを分かってくれたという実感が強くなるのです。

②引き出された私たちの感情を表現する
　相談者の怒りによって、私たちの様々な感情が引き出されます。もしかしたら「そうだそうだ！」という応援したい感情かもしれませんし、「そこまで言うことないのに」という言い過ぎだという感情かもしれませんし、「さぞつらい目に遭ったんだろう…」というつらさが伴う感情かもしれませんし、「家族同士でそんな対立するなんて悲しい」という感情かもしれません。**その私たちの感情を、言葉や言葉以外のコミュニケーションで表現する**のです。もちろん、時と場合によって、相談者に伝えるのがふさわしくない場合も大いにあり得ますから、その判断は冷静にしなければいけません。この判断は重要なので、この方法は上級者向けです。相談者の期待通りであれば、強力な共感となりますが、そうでない場合は逆効果になってしまうからです。
　そのことから、基本的には相談者が表現した感情を理解していることを伝えるために、そのまま表現する方が無難です。しかし、この方法が成功すれば、言葉の会話というより、感情の会話…。**「魂の交流」**と言ってもよいかもしれません。そういった**深いレベルで交流**できることは、言葉にできない信頼感をもたらすのです。

③ 変化への土台作り （Step2 受け取る準備をしてもらう）

> 少し相談の経験を積んで、やはり相談者との信頼関係が第一ということを学んだ。相談に来る人は困り切ってここに来るのだから、一つひとつ共感して話を聴かないと始まらない。でも、話を聴くだけで終わってしまうことも多く、本当なら介護保険を利用した方が良いのに…と不完全燃焼である。

相談者:「……というわけなんですわ。」

あなた:「そうなんですか。それは大変な思いをされてるんですね。」

相談者:「そうなんですよ。この年になってこんな苦労をするとはね（苦笑）。」

あなた:「そしたら、介護保険というのがありますよ。これを利用するとヘルパーさんに手伝ってもらったり、デイサービスに通ったりできるんです。」

相談者:「そうなんですか～。」

あなた:「どうでしょう？　手続きした方が良いと思いますが。」

相談者:「そうだね～。まあ、また今度にするわ。」

あなた:「そうですか…」
（たぶん次来た時も「また今度」だな～　何がいけないのかな…）

スキル16　3. 変化への土台作り（Step2 受け取る準備をしてもらう）
受け取る準備をしてもらう
― 変化の前提を作る ―

POINT!
1. 信頼関係だけでは相談者は変化しない
2. 「受け取る準備」とは何か？
3. 信頼関係と受け取る準備
4. 同僚からの相談や部下へのスーパービジョン
5. 嫌な相手からは何も受け取れない

POINT! 1. 信頼関係だけでは相談者は変化しない

話した感じが良くて、信頼関係はできているはずなのに、**なかなか意図した方向に話が進まない**…などということはありませんか。

・ここだと思ってアドバイスしたのに、全然通じていない…
・丁寧に情報を提供して、あとは本人が行動するだけなのに、全く動いてくれない…

そんな経験は誰にでもあると思います。私たちとしては信頼関係ができていると思っているだけに、「なぜ動かないの？」と思ってしまいますよね。

確かに相談では、信頼関係の構築が最優先です。しかし、信頼関係があるだけでは、相談者に変化をもたらし、抱えている悩みや問題を解決することにまで至らないこともあるのです。そこで必要になるのが、相談者に**「受け取る準備」**をしてもらうこと。

相談者が「受け取る準備」ができている状態になって初めて、私たちの色々な働きかけが効力を発するのです。

POINT! 2. 「受け取る準備」とは何か？

「受け取る準備」について、もう少し詳しく考えていきましょう。「受け取る準備」ができている状態とは、私たち相談対応者の**働きかけやアプローチが相談者に影響を与えられる**状態のことです。

つまり、相談者に
- この人の話なら聞いてもよい
- この人に尋ねられたことはまじめに考えよう
- 解決のためにはこの人の助けが必要

などと思ってもらうことなのです。いくらアプローチしても、それを受け入れる土壌がなければ、効果はありません。そのためにまず、扉を開けてもらうことが必要になるのです。

POINT! 3. 信頼関係と受け取る準備

　例えば、とても信頼できる美容師さんがいたとします。よく話を聞いてくれるし、自分の髪質のことも分かってくれています。また、髪型は気に入っていて、友人からもほめられる…。そんな**美容師さんに、本気で親の介護のアドバイスを求めるでしょうか**。

　美容師さんとは信頼関係で結ばれています。ですので、髪型のこと、美容のこと、肌のことなどは相談すると思います。なぜなら、専門職ですし、今までの経験で「この人は良い」と分かっているからです。

　ただ、親の介護のことはどうでしょうか？　愚痴をこぼすレベルであれば、話してみて、それを聞いてもらうことはできるかもしれませんが、悩みの解決に向けてとなると、難しいと思います。そのような状態で、仮にアドバイ

スじみたことを言われても、**結局聞き流すしかない**ですよね。

しかし、こういう事情があったらどうでしょう。その美容師さんは、長年、親の介護で苦労してきていて、あなたはその背景を知っていて、相談したとしたら…。美容師さんの**一言一言の重み**が、まるで違ってくるのが実感できると思います。これが、「受け取る準備ができている」という状況なのです。

POINT! 4. 同僚からの相談や部下へのスーパービジョン

同僚からの相談やスーパービジョンにおいては、特に同業からの相談という部分で、ある意味素人と言える一般の方からの相談とは違います。「受け取る準備をしてもらう」という段階がさらに重要になってくるのです。

会社の中で、上司としてコーチ的なアプローチをしたり、スーパービジョンをしたりする機会も多いわけですが、せっかく時間を割いて、相談に乗っても、なかなか**自分の意図したことを分かってもらえない**…などということは、多くの方が経験されていると思います。

その原因の一つとして、本人に受け取る準備ができていないということがあるのです。相談されているのに、なぜ？　と思うかもしれませんが、それは相談をする立場になってみればよくわかります。あなたにも、とりあえず目の前にいたから相談したり、上司は一人しかいないからやむをえず相談したり、何となく頼りになりそうだな～という淡い期待で相談したりしたことに心当たりはありませんか。

つまり、**半信半疑な状態**。そのままではなかなかその相手が発するメッセージやアプローチを受け取ろうとは思わないわけです。ただ話を聞いてほしいだけならよいのですが、問題の改善や自己成長を望む場合は、この「準備」の過程を飛ばしてはいけないのです。

POINT! 5. 嫌な相手からは何も受け取れない

最後に受け取る準備の原点とも言えるほど根本的なことについて触れたいと思います。それは、**嫌だと思う相手からは**、どんなアプローチを受けても、**素直に受け取れない**こと。言われてみると単純なことですが、忘れがちな部分です。対応者が嫌われてしまっては、その先に進むことは難しいのです。

もちろん、気に入らないポイントは人によって違いますし、何となく嫌な感じがしたり、合わないような気がしたりすることもありますから、嫌われないように振る舞うといっても限度があります。そこが難しいところですけどね。
　また、どうしても嫌われてしまうような時は、**合わなければ他の人に相談してもらえばいい**と考えることも必要です。私たちの努力だけでは解決できない相性の問題があるのも現実なのですから。
　もちろん、一般常識からは外れないように気を付けたり、多くの人が嫌がることをしないようにしたり、相談者のことを大切にしたりするように、最大限の努力をした上での話ですが。
　日本で唯一無二の専門職であれば自分しか選択肢がありませんが、そうでなければ、自分以外の人のところに相談に行ってもらう（紹介したり、つなげたりする）ことの方が相談者のためになることもあります。可能性を上げる努力はするとしても、どんな人でも100％相性が合うことはあり得ませんから、**最終手段**として他の人に交代することも意識しておくべきです。それが相談者にとって最善策であるなら、その道を選ぶのも相談対応者として真摯な態度だと思います。
　また、相談者に変化をもたらす段階では、虐待や犯罪を止めさせる等、嫌われないことよりも言わなければならないことを優先させる場合もあります。そのようなケースでは、チームを組んで役割分担し、少なくともひとりはその人の気持ちに焦点をあて**嫌われない立場**を作っておくことも重要です。

スキル17　3. 変化への土台作り（Step2 受け取る準備をしてもらう）
相談したいと思われる
－信頼性と専門性－

POINT!
1. どんな人に相談しますか？
2. 信頼できるかどうか？
3. 専門性があるかどうか？
4. 信頼性と専門性を伝える

POINT! 1. どんな人に相談しますか？

「受け取る準備」をしてもらう上で欠かせない要素に、相談者から**「この人に相談したい」と思われる**ことがあります。人は嫌いな人には相談したくありませんし、頼りにならない人にも相談したくないからです。

そこでこの項目では、逆説的ではありますが、私たちが**相談する立場に立って**、どんな人に相談するかを考えてみたいと思います。

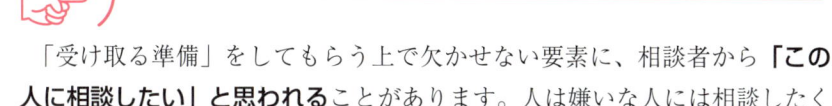

相談する時のポイントとしては、自己開示をするとか、素直に耳を傾けるなどが挙げられますが、最も重要なのが、誰に相談するかということです。このスタートラインをどこに置くかによって、その先の道（相談内容や問題・悩みの解決までの道のり、そもそも解決するかなど）が変わってきてしまいますから。

だから、大事な問題であればあるほど、誰に相談するかをよく考えるべきなのです。それでは、どのように相談対応者を選べばよいのでしょうか。それには二つの基準があります。まずは信頼できるかどうか。そして、専門性があるかどうかです。

相談対応者を選ぶ二つの基準

> ①信頼できるかどうか？
> ②専門性があるかどうか？

この基準に達していないと判断したら、そもそも相談しないですし、相談

している途中であっても明らかに「こりゃダメだ」と感じれば、早々に切り上げてしまったり、適当に流してしまったりということはあなたにも経験があると思います。

POINT! 2. 信頼できるかどうか？

まずは、信頼できるかどうか、または信頼関係を築いていけるかどうかという基準です。これは実際に会ってみないと分からないことかもしれません。それでも、例えば電話の対応とか、インターネットで調べた結果などは参考になります。また、以前に自分が相談した時の印象で判断して、再度相談に行ったり、逆に二度と行かなかったり、ということはよくあります。

信頼できるかどうかを判断するポイントとしては、**ひとりの個人として尊重してもらえているかどうか**、ということが大切な要素になっています。それをあらゆるコミュニケーションから感じていくのです。具体的には、接する態度や言葉遣い、口調、コミュニケーションの内容などから判断していきます。

POINT! 3. 専門性があるかどうか？

そして二つ目の基準は専門性があるかどうかです。ここで言う「専門性」とは、二つの要素があります。一つは相談内容（解決したい悩みや問題）に対する専門性（いわゆる「専門領域」です）。そしてもう一つは相談に対する専門性です。

相談対応者の専門性

> ①それぞれ持っている専門領域
> ②相談に対する専門性（「相談力」）

相談内容に対する専門性（専門領域）は、分かりやすいと思います。どんなに信頼がおける人でも、相談したい悩みに関して**全くの素人であれば、相談することはありません**よね。ただ自分の気持ちを聞いてほしいとか、愚痴を言いたい場合は専門職でなくてもよいのですが、やはり問題解決のために

相談するとなると、その分野の専門職を選ぶことになるのです。

　そして、相談する立場で考えると、その分野の専門性が高いだけでは、不十分だと考えます。それに加えて、しっかりと相談対応してくれるということも重要な要素なのです。なぜなら、相談とは知識を得るための勉強ではなく、抱えている悩みや問題の解決を目的としているからです。どんなに細かい知識をたくさん説明してもらっても、**解決に至らなければ、相談した意味がなくなってしまう**のです。

　だから、相談対応者を選ぶ時には、専門領域への造詣が深く経験があることに加え、**「相談力」がある**ということも基準になるのです。

　私たちは相談対応を学んでいるので、相談した時に対応者がしっかりと対応しているか判断・評価する目は持っていますが、一般の人はそうはいきません。その時に目安になるのが、「相談者に合わせた言葉で語れるかどうか」ということです。詳しくない分野の様々な話を、素人である**相談者にも分かる言葉に翻訳**して伝えているということは、目の前の相談者に焦点を当て、なるべく理解しやすい工夫をしていると言えるからです。

　研究者であれば、その分野の専門性のみを高めればよいと思いますが、相談となると、相談者の心に響き、相談者の頭で理解できないと、悩みや問題の解決にはつながりません。専門用語の羅列では上手くいかないのです。だから、自分が理解できる言葉を使ってくれるかどうか、ということも対応者選びのポイントです。

POINT! 4. 信頼性と専門性を伝える

　上記では相談する立場から、**信頼性**と**二つの専門性**が、相談対応者を選ぶ基準になることをお伝えしました。それを実際の相談で、どのように活かしていけばよいのでしょうか。

　それは、私たちがその基準を満たしているということを相談者に伝えることです。それによって、相談者はこの人の話なら聞こうと「受け取る準備」をしてくれるのです。

信頼性と専門性を伝える方法（例）

> 言葉によるコミュニケーション
> 信頼性：気遣いを言葉にする・相談者の気持ちを尊重した内容を話す　など
> 専門性：経験を伝える・専門知識を分かりやすく説明する　など
> 言葉以外のコミュニケーション
> 信頼性：態度やしぐさで相談者を大事にすることを表現する・傾聴する　など
> 専門性：パンフレットや掲示物等で専門性をアピールする　など

スキル18 3. 変化への土台作り（Step2 受け取る準備をしてもらう）
理性に働きかける
－左脳的なアプローチ－

> **POINT!**
> 1.「受け取る準備」は気持ちの問題
> 2. 受け取る準備をしてもらう二つの働きかけ
> 3.「理性に働きかける」とは…？
> 4. 身近な「理由付け」の例
> 5. 相談者の理解を超えない

POINT! 1.「受け取る準備」は気持ちの問題

　まず、「受け取る準備」というのは、相談者の**気持ちの問題**です。ここは押さえておいて下さい。
　　・この人の話なら聞いてもよい
　　・この人に尋ねられたことはまじめに考えよう
と思ってもらうには、そういう気持ちになってもらうことが必要なのです。そのためには、ただ待っているだけではいけません。私たち相談対応者から、様々な働きかけをしていくことが求められます。
　なぜなら、相談の時間には限りがありますし、話を聴いているだけで**自然にそのような気持ちになるわけではない**からです。

POINT! 2. 受け取る準備をしてもらう二つの働きかけ

　その「受け取る」という気持ちになってもらうために、どのような働きかけをすればよいのでしょうか。
　その方法は二つあります。一つが**理性**に働きかける方法。もう一つが**感情**に訴える方法です。

受け取る準備をしてもらうための二つの働きかけ

> ①理性に働きかける
> ②感情に訴える

　この二つのうち、理性に働きかける方法が基本です。なぜなら、「受け取る準備」をしてもらうのは、相談の三つのステップのうち、二番目ですから、一ステップ目である、信頼関係ができているのが前提となります。ということは、信頼関係を作っていくにあたって、大切にしてほしい気持ちに応えたり、安心できる様々な演出をしたりして、さんざん感情にアプローチしてきたからです。

　信頼関係が構築されているこの段階でさらに感情にいくと、しつこいとか、中身がないと思われてしまう可能性が大きいのです。

POINT! 3.「理性に働きかける」とは…?

　ただ、「理性に働きかける」とはいえ、理屈を主張し、無理矢理に相談者を説得するというわけではありません。あくまで、「この人の話だったら聞いてもよいか」という感情になってもらうために、相談者に**「理由付け」**をしてもらうだけなのです。

　どういうことかと言うと、この段階では、信頼関係はできています。信頼関係ができているということは、「この人の話は聞いてもいいんじゃないかな〜」という雰囲気ではあります。ただ、それは気分的なものでしかないので、相談者が自分でも客観的にも**納得できる理由をこちらから提供する**のです。

　具体的には、【スキル17：相談したいと思われる】でお伝えした、信頼性と二つの専門性を伝えるのです。

相談者が納得できる理由の例

> ・しっかりと専門職であることを伝える
> ・知られた企業や、根拠ある機関の社員・職員であることを伝える
> ・共通の知り合いがいることを伝える
> ・権威の声や推薦、他の利用者の声等を利用する　など

これらを伝えることで、相談者にとって客観的な理由ができるのです。

POINT! 4. 身近な「理由付け」の例

　例えば、あなたがスポーツクラブに通っているとします。そこでは、スタッフに体調面について相談できるので、あるスタッフに肩こりについて相談してみました。そのスタッフは、あなたが忙しいことを気遣ってくれますし、仕事で外食が多いこと、外回りが多いので歩く機会が多いことなどを聞いてくれます。「なかなか良さそうな人だ」とあなたは感じています（つまり信頼関係ができているとします）。

　ただ、スポーツクラブのスタッフの質も色々なので、このスタッフの言うことが、どの程度のものなのかはよく分かりません（まだ「受け取る準備」ができていない状態）。ここで、スタッフから大学で栄養学を学んでいて、血流を良くする食事について詳しいことや、同じような相談を受けた経験があり、肩こりが軽くなった人がいること、あるいはストレッチについて研究していて、肩こりに効くストレッチを知っていることなど、専門職であることが伝えられたら、いかがでしょうか。

　良い人だけではない、話やアドバイスを聞くだけのきちんとした理由ができますよね。このスタッフは専門職で詳しい知識や経験がある。だから、話を聞いてもいいと（「受け取る準備」ができた状態）。これが、理性に訴えて、話を聞くという感情になるための「理由付け」を提供するということなのです。

POINT! 5. 相談者の理解を超えない

　この作業は、あくまで相談者の中で行ってもらうため、**相談者の理解の範囲**でなければ、効果がありません。専門用語を並べたりしても、理解できない言葉や内容であれば、この人が私にとって有用な専門職である、という実感が持ちにくいのです。

　確かに、難しいことを知っているのだろうとか、色々詳しいのだろうとか、「ま、専門職なんでしょ、あれだけ話すんだから」などとは思ってもらえますが、それは**他人事でしかなくなってしまう**のです。

　なぜなら、相談者は、理解できない人の言葉を、真剣に聞こうとは思わないですから。どの程度知識を持っているかということは、相談者によって違います。反応を見ながら、適切な言葉遣いをすることが大事です。

スキル19　3. 変化への土台作り（Step2 受け取る準備をしてもらう）
感情に訴える
－右脳的なアプローチ－

POINT!
1. 理性でダメなら感情に訴える
2. 「泣き落とし」
3. とことんペースを合わせる
4. 力関係をさらっと活用する

POINT! 1. 理性でダメなら感情に訴える

　前項では、相談者に受け取る準備をしてもらうための働きかけとして、理性に働きかけることをお伝えしました。しかし、理性に働きかけることも、**決してオールマイティではない**のです。

　というのも、一定の割合で、理性に訴えてもそれが響かない相談者がいるからです。「右脳タイプ」とでも言うのでしょうか、自分の感覚やフィーリングなどを大切にする方々です。そういった相談者には、どんなに理詰めで展開しても、その労力は無駄に終わってしまうことが多いです。そこで、理性でダメなら感情に訴えるのです。

POINT! 2.「泣き落とし」

　ここから感情に訴える具体的方法についてお伝えします。まずはいわゆる**「泣き落とし」**です（と言っても実際に泣いて頼むわけではありません）。
　会う回数が増えると、人は親近感を覚える性質があります。何度も会って話を聴いていくと、これだけ親身になってくれるのだからと、「受け取る準備」につながるのです。そういった心理を活用して、会う回数を増やすのです。
　効率は悪いですが、これでしか気持ちが動かない人がいることも現実だったりします。ただ、やみくもに回数をこなすことだけに頼りすぎてしまうと、私たちの時間が足りなくなってしまいます。理性タイプか感性タイプかを見極めずに、ひたすら会うことを繰り返すのは、恐ろしく効率が悪いですから。

POINT! 3. とことんペースを合わせる

　相談者のペースにとことん合わせることで、お眼鏡にかなうようにする方法です。**好きな相手の頼みは断われない**（むしろ積極的に協力したくなる）という心理を活用するのです。

　注意点は、私たちが勝手に「こういう人が気に入られる」と想像するのではなく、相談者を観察し、反応を見ながらペースを合わせていく、ということです。相談の場面を見ていると、相手に気に入られようとして色々合わせているつもりでも、実は全然かみ合っていなかった…ということもありますので、そうならないようにしましょう。

POINT! 4. 力関係をさらっと活用する

　相談者の関係者で、相談者に多大な影響を及ぼす人がいる、ということがあります。例えば、亭主関白の夫がいるとか、逆らえない娘がいるとか、信頼している上司がいるなどの場合です。**その人たちを味方につけ、一声かけてもらう**ことによって、驚くほどスムーズに事が進んでいくことがあるのです。

　ポイントは、あまり強引にしないこと。相談者の感情を損ねてしまっては、元も子もないですから。さらっとお勧めしてもらうぐらいがスマートです。

　また、私たちはあくまでも、相談者の味方です。もちろん相談を進めることが**相談者の利益につながることが根拠**となりますが、それでもこの手法は、相談者の気持ちより相談の進行を優先するという、多少操作的な部分を含むものです。**裏技的な最終手段**として、乱用にはご注意下さい。

スキル20　3. 変化への土台作り（Step2 受け取る準備をしてもらう）
ホッとしてもらいやる気を引き出す
－自己肯定感を高める－

POINT!
1. 解決に向け、やる気を引き出す
2. 相談者の自己肯定感を高める11のコミュニケーション

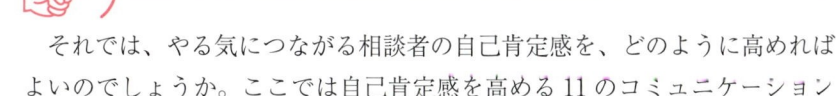

POINT! 1. 解決に向け、やる気を引き出す

　悩みや問題を解決するためには、相談者がそれらに向き合い、一歩踏み出すことが必要となります。そのためには、困ってしまいどうしたらよいか分からないという混乱や置かれている状況から逃げ出したいというあきらめ感、そして本当に解決できるのだろうかという不安というマイナスな感情を、「よし、取り組んでみよう！」と**プラスの方向**に変えていかなければなりません。

　その原動力となるのが、「やる気」やモチベーションです。やる気がなければ、相談者は変化しませんし、行動にも至りません。だから相談対応者としては、やる気を引き出すコミュニケーションをしておくことが求められるのです。

　具体的には、相談者の**「自己肯定感」を高める**ことがやる気を引き出します。自己肯定感とは、自分自身あるいは自分の状態・考え方・行動・人格などに対してOKを出せる（肯定的にとらえられる）感覚のことです。

　つまり、問題に遭遇して悩む自分を無条件に（少なくとも今は）これでよいのだと思ってもらうことで、前向きな気持ちで解決に向けた次の段階（相談者の変化や具体的行動）へと進んでいけるのです。

POINT! 2. 相談者の自己肯定感を高める11のコミュニケーション

　それでは、やる気につながる相談者の自己肯定感を、どのように高めればよいのでしょうか。ここでは自己肯定感を高める11のコミュニケーションを紹介していきます。

自己肯定感を高める 11 のコミュニケーション

① 気にかける
② 興味を持つ
③ 尋ねる
④ 受け止める
⑤ 認める
⑥ 前向きな感想を伝える
⑦ 評価する
⑧ 褒める
⑨ 保証する
⑩ 助ける
⑪ 手伝う

① 気にかける

　人は一般的に、**無視されるのが最もつらいこと**です。ですから細かな部分への気遣いで、存在を認めるメッセージを伝えることは、自己肯定感を高めます。

　　（例）「暑い中いらしていただき、ありがとうございます。」
　　　　　相談者のために席を用意したり、飲み物を出す　など

② 興味を持つ

　相談者に興味を持つと、話題のベクトルが相談者に向きます。**他の誰でもなく、相談者その人**に興味を持ち注目することは、相談者を尊重することにつながります。自分に興味を持つ人がいる、自分を尊重してくれる人がいるという発見が自己肯定感を高めるのです。

　　（例）「もう少しお聞きしたいのですが、よろしいですか？」
　　　　　前傾気味の姿勢で、真剣な目つきで相談者を見つめる　など

③ 尋ねる

　相談者の考え・気持ち・状況・行動など、様々な質問をしていくことは、相談者に焦点を合わせ、**相談者のことを知りたい**というメッセージとなります。

　ここでのポイントは**詰問調にならない**ことと、相談者が「聞いてほしい」質問を見つけること。また、事実確認や状況把握も大事ですが、そんな状況を本人としてどうとらえているのかという考えや、どんな気持ちなのかという感情など、相談者の**内心を尋ねる**ことで興味の深さを伝えることもできま

す。
　　（例）「その時、どんなお気持ちだったのですか？」
　　　　　「どんな風に考えていらっしゃいますか？」　など

④受け止める
　興味を持って尋ねた結果、相談者は色々な話をしてくれます。その時は、相談者の考え・気持ち・状況・行動などを**「そのまま」受け止める**のです。受け止めるとは、価値判断なく、そのままそういう状態であるという事実を認識することです（【スキル12：相談者の話を聴く】参照のこと）。
　どんな話でも受け止めてもらえたという経験が、自分はこのままでよいのだという肯定感につながるのです。
　　（例）「○○というふうに思ってらっしゃるんですね。」
　　　　　拒否的な反応や反論をしない　など

⑤認める
　ここでの「認める」とは、正当であると承認するということ。**「あなたは正しい」と言われれば自信がつく**のです。
　しかし、承認することがらは選別することが必要です。法律的・倫理的に相応しくないことや、解釈が分かれるような微妙な問題まで「正しい」と言うことはできませんから。
　また、私たちは審判者ではないので、絶対的なものではなく、あくまでも**個人的な感想**であることは必ず伝えましょう。
　誰にでも使えるわけではないのですが、価値判断を含むため、その分効果が大きいです。
　　（例）「私は、○○さんの意見は良いと思います。」
　　　　　「個人的には、○○さんの考えも分かります。」　など

⑥前向きな感想を伝える
　前向きな感想を伝えることは、それを聞いた相談者にとって**心強い一言**になります。それをどう受け止めるかは相談者にゆだねているため、いやみなく良いと思っていることを伝えられるのです。
　前項と同様、**個人的な意見**とことわった上で、伝えるのがよいでしょう。

（例）「私は、今回のことをきっかけに、ご兄弟の関係が良くなっている
　　　　　気がします。」
　　　　「個人的な意見ですけど、ここまで頑張っている〇〇さんを尊敬し
　　　　　てます。」　など

⑦評価する
　相談者によって効果は分かれますが、専門職としての価値判断を求めている人もいます。そのような人限定ですが、効果があるのが**良い評価をしてしまう**ということ。一般論としては価値判断せずに受け止める方が無難なのですが、褒めてほしいという相談者の期待にあえて応えるのです。
　また、ここでは自己肯定感向上のためですから、評価は良いものに限ります。
　　　（例）「今までの対応は、専門職の私から見ても理にかなっています。」
　　　　「このお年にもかかわらず元気なのは、毎日の努力のたまものです
　　　　　ね。」　など

⑧褒める
　価値判断の中でも、主観的な基準で私たちが勝手に良いと伝えるのが褒めることです。
　対等な関係ではなかなか使いにくいですが、**褒めて欲しい人がいることも事実**です。また、上司と部下など、上下関係が前提にある相談では自然に褒めることができます。
　注意点を挙げると、心にないことは言わないこと。本心が相手に伝わりますからね。
　　　（例）「美容院に行かれたんですか？　髪形、お似合いですね。」
　　　　「最近資格も取ってスゴイね。頑張ってるね。」　など

⑨保証する
　専門性を背景に、相談者の考え・気持ち・状況・行動などに対し、「それでいい」と伝えることが保証することです。専門職がOKを出す意味は、想像より大きいものがあり、場合によっては**相談者が一歩踏み出すGOサインにすらなる**のです。

(例)「はい。その方法でよいと思います。」
　　　「多くの人が通る道ですよ。〇〇さんはそれでよいと思います。」
　　　など

⑩助ける
　相談者に助け船を出したり、相談したことが様々な意味で相談者にとって救いになったりした場合、「助ける価値がある人」あるいは「私の人生まだ捨てたもんじゃない」との認識が自己肯定感を上げることがあります。
　　（例）（迷っている相談者に対して）「まず、状況の整理から始めましょうか？」
　　　癒しになるような相談対応をする　など

⑪手伝う
　相談者の悩みや問題の解決を一緒になって考え、解決に取り組んでいくこと自体が、仕事とはいえ、人として認めてもらった感覚になります。その意味で、手伝うということも相談者の自己肯定感を上げるのです。
　一方、適切な距離感もあります。必要性がある場合は別として、**手伝い過ぎは依存の関係を作り上げ、相談者にとって良くない結果となることもあります**ので注意して下さい。
　　（例）「ここは代わりに書いておきましょうか？」
　　　「これからも一緒に考えていきましょう。」　など

スキル21　3. 変化への土台作り（Step2 受け取る準備をしてもらう）
素の自分を表現してもらう
－相談者のモチベーションをアップする－

POINT!
1. 素の自分を表現してもらう
2. 具体的な見通しを立てる

POINT! 1. 素の自分を表現してもらう

　悩みや問題を解決するための一歩を踏み出すために、やる気を引き出し、モチベーションをアップさせることの重要性は【スキル20：ホッとしてもらいやる気を引き出す】でもお伝えしました。

　ここでは、自己肯定感を高めた後のステップについて説明していきます。それは、普段なかなか出せない**「素の自分」を表現してもらう**ことです。

　日常生活において人は、あらゆる場面で、様々な人間関係の影響の中で暮らしています。その中では、個人的に言いたいと思っていても言えないことがあったり、プライドや関係を維持するために、表現できなかったりすることも多々あります。

　例えば人間関係という鎖に縛られていて、思うがまま動くことは難しいのです。相談では、できるだけその**しがらみから解放**し、素の自分を表現してもらいます。そのことがさらに、やる気やモチベーションを上げるのです。

素の自分を表現することの効果

①自尊心が満たされる
②気分が高まる

①自尊心が満たされる

　まず、相談者が素の自分を表現するためには、安心して、自分を解放できる環境が必要になります。だから私たちは、相談者がどんな表現をしても、それを受け止めるのです。それは言い換えると、相談者の今までの人生や考

え方・性格などの**個性を尊重している**と言えます。その環境の中で、相談者には制限なく自由に表現してもらうのです。

　普段言いたくても言えないことが言える環境とはつまり、相談者を大切にしている環境ということ。それによって、相談者は自分が大事にされている…と自尊心が満たされるのです。

②気分が高まる

　そして、素の自分を正直に表現することや、その表現を受け止めてもらうことは、相談者にとって、**普段できない気持ち良い体験**です。精神的に、充足感を感じたりしますし、身体的にも、声が大きくなったり、血流が良くなったりします。

　たとえ表現した内容がつらいことであったり、怒りや悲しみなど強い感情であったりしても、それを吐き出せたということに、ある意味**達成感**を感じるのです。何せ、普段は抑圧して表に出せないことですから。

　つまり、「素の自分」を表現すること自体に、気分が高揚し、高まってくる効果があるのです。この精神的・身体的変化が、悩みや問題に対し、前向きに向き合うきっかけになります。

POINT! 2. 具体的な見通しを立てる

　素の自分を表現してもらい、変化への下地ができたら、具体的な働きかけをしていくことになります。しかし、何をしたらよいのか、どこに向かったらよいのか、ということが分からないと、やる気だけあってもそれは空回りしてしまうのです。

　ですから、働きかけをする前に、具体的な**見通しを立てる**ことが必要となります。見通しを立てることを言い換えると「差」を認識してもらうことになります。

具体的な見通しを立てるステップ

> ステップ①：現状を理解する
> ステップ②：理想を思い描く

> ステップ③：現状と理想の「差」を認識する
> ステップ④：その「差」を埋めるための行動を起こす

　つまり、現実と理想の間の埋めるべき「差」を認識する、ということなのです。

　なぜなら、その「差」があるからこそ、悩みや問題を感じているからです。

　もちろんその「差」というのは、埋められるものとそうでないものがありますが、**まずそれを認識することからスタート**します。悩みという漠然としたものを「差」という分かりやすいものに変換するのです。その結果、解決への道のりがぼんやりとでも見え始めてきますから、変化につながりやすくなるのです。

　例えば旅行の場面を思い浮かべて下さい。現在地と目的地があるからこそ、その間のルートが分かり、どのように行くかということが決められますよね。現在自分がどこにいるか分からない…そして、どこに向かうかも分からない…という状況では、旅行どころではないですからね。

　ベテランの旅行者は、「どうにかなることを知っている」から、その状況を楽しめるかもしれません。相談も同じで、今までに誰かに相談して、悩みや問題の解決をしてきたことがあって、相談というものの効果を信じている場合などは、悩み＝成長と、その状況を楽しめるのかもしれません。

　しかし、多くの相談者は、そこまでの認識は持っていませんから、まずは**現在地と目的地を知る**という基本的なところからスタートする必要があるのです。

④ 心を動かす相談力 (Step3 相談者に変化をもたらす)

> 相談に来てくれた人にアドバイスするには、私の話を聞いてくれる状態にならなければいけないということを学んだ。確かに私も、とことん「いい人」の友達がいるが、仕事のことをアドバイスしてもらおうとは思わない。
> 相談者は本当に色々なタイプがいる。私の言葉が響く人もいれば、なかなか説明しても動かない人もいる。そこが課題だ。

相談者:「なるほどね。今は介護保険なんて、便利なものがあるのね。助かるわ。」

あなた:「そうなんです。自己負担は1割ですから。」

相談者:「そんなにお得なの〜。じゃあちょっと使ってみようかしら。」

あなた:「はい。それでは手続きについて説明しますね。」
（良かった〜。サービス利用につながりそうだ）

別の日

相談者:「なるほどね。今は介護保険なんてあるの。」

あなた:「そうなんです。自己負担は1割とかですから、とてもお得なんですよ。」

相談者:「でも、お高いんでしょう？ うちは外の人とか厳しい家柄だし…。父が許さないですよ、きっと。」

あなた:「でも、1割って10分の1ですからね〜。かなりお安いですよ。一万円が千円ですよ。」

相談者:「う〜ん。たぶんうちには合わないです。色々説明してもらったのに、ごめんなさいね。」

あなた:「いえいえ。いつでも声かけて下さいね。」
（いけると思ったんだけどな〜。今日はつながらなかったか〜。何でだろ？）

スキル22　4. 心を動かす相談力（Step3 相談者に変化をもたらす）
「変化」について知る
―変化のプロセスについて―

POINT!
1. 変化とは何か？
2. 変化のプロセスは二通り
3. 内側から変わるプロセス
4. 外側から変わるプロセス
5. 必要な変化を把握する
6. どこまで関わるのか

POINT! 1. 変化とは何か？

　2章でもお伝えした通り、相談の後半では、相談者が抱える悩みや問題を解決していくために必要な**変化をもたらしていく**ことが必要になります。

　では、相談者に変化をもたらすとは、どのようなことなのでしょうか。一言で言うと、相談「前」と相談「後」、あるいは時間が経過した後を比べて、**何か違いがある**ということです。相談者は悩みや問題を抱えているという現状を「変える」ために相談に来ているわけですから、何の変化ももたらせなければ、相談の意味がなくなってしまいます。

　具体的には、以下の要素があります。

相談者が変化する要素

①知識が変化する	⑤生活・状況が変化する
②考え・認識が変化する	⑥余暇が変化する
③気持ち（感情）が変化する	⑦環境が変化する
④行動が変化する	⑧習慣が変化する　など

（詳細は【2章　Step3 相談者に変化をもたらす】を参照のこと）

POINT! 2. 変化のプロセスは二通り

それでは、悩みや問題の解決へとつながる「変化」をどのようにもたらせばよいのでしょうか。まず知っておきたいことは、**変化にはプロセスがある**ということです。それを無視してやみくもにアプローチしても良い結果は得られません。

その、変化のプロセスには、二つの道のりがあります。

変化の道のり

> ①内側から変わる
> ②外側から変わる

これらは、時と場合によって使い分けます。相談では、相談者の行動を変えることを最終目標におく場合が比較的多いと思いますが、その場合は、基本的に①の「内側から変わる」プロセスにアプローチしていきます。

しかし、内側から変わるモデルは確実性が高いものの時間がかかります。ですので、時と場合によっては②の「外側から変わる」プロセスを利用することになります。

変化のプロセスの特徴

プロセス	確実性	時間	最初のアプローチ
①内側から変わる	高い（納得感がある）	かかる	感情から順にアプローチする
②外側から変わる	低い（拒否される可能性がある）	かからない	いきなり行動を変える

POINT! 3. 内側から変わるプロセス

内側から変わるプロセスとは、以下のような経過をたどります。

感情の変化 ➡ 知識・認識の変化 ➡ 行動の変化

つまり、変化をもたらすには、**感情からアプローチすべき**との考え方なのです。だから最初に、相談者の感情を変えることにフォーカスして、働きかけを行うのです。

具体的には、悩みを抱えている現状のつらさに共感し、そのつらさがなくなった世界を想像してもらい、そのための小さなステップを伝えることなどをします。その結果、「**この悩みは解決したい**」「**できそうだ**」「**じゃあ、やってみよう！**」というように感情を変化させるのです。そうすることで、モチベーションが高まりますから、そのために必要な知識は知りたくなりますし、行動だって起こしたくなるのです。

例えば、あなたが一目惚れでカバンを買う時のことを思い出して下さい。最初にカバン屋さん（あるいはカタログや雑誌を見たり）で一目惚れします。「うわ〜これ欲しい！」と。これが**感情が変わった瞬間**です。

その後、今使っているカバンは古くなってきたし、角は色があせている…という理由を考え出したり、欲しいカバンはＡ４ファイルも入るから仕事でも使えそうだとか、定期や携帯電話を入れるポケットが付いていて便利そうだ…など、商品に関する知識を仕入れたりします。そして、そのカバンをレジに持って行くのです。

これは、まず感情が変化し、その結果、行動の変化をもたらす一例です。

POINT! 4. 外側から変わるプロセス

外側から変わるプロセスとは、以下のような経過をたどります。

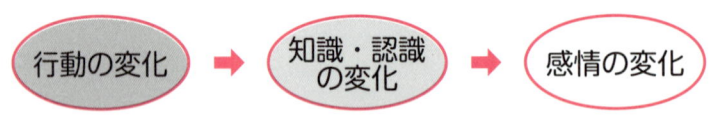

行動の変化 → 知識・認識の変化 → 感情の変化

つまり、変化をもたらすには、**まず行動を変えることからアプローチする**という考え方です。

具体的には、専門職としての権威も含めた**「ある種の強制力」**で、まず行動を変えてしまうのです。すると、イヤイヤながらもその行動をとっているうちに、何となく勝手が分かってきます。また、それまで気付いていなかった良い部分に気付いたりもします。そしていつしか、気持ちの面でも、その行動に OK が出せるようになるのです。

例えば、カバンを買うシーンで言うと、職場から指定されたカバンを使う場面をイメージして下さい。「こんなカバン趣味じゃないんだけどな…」と思いながら、職場の指定カバンなので、やむを得ず使います。これが「ある種の強制力」で、行動を変えるということです。その後、そのカバンを使っていく中で、ナイロン製のカバンは意外と丈夫で、自転車のカゴに入れても傷つかないということを知ったり、廉価だからこそ細かいことを気にせずに使えるという利点を知ったりします。

その結果、いつしかあなたは**そのカバンに愛着がわいてくる**というわけです。これが、まず行動が変化し、それが感情の変化まで影響する一例です。

POINT! 5. 必要な変化を把握する

変化のプロセスを学んだ後は、問題解決のためにどんな変化が必要なのか把握していきます。

これは以下のような公式が成り立ちます。

$$\text{理想の状態} - \text{相談者の現状} = \text{必要な変化}$$

簡単なことですが、理想の状態、つまり相談者が抱える悩みや問題が解決した状態と、現在相談者が置かれている現状の**「差」**を埋めることでその問題は解決します。つまり、その「差」が埋まるような変化をもたらすことが必要なのです。

それは、感情かもしれませんし、知識かもしれませんし、具体的な行動かもしれません。また、様々な要素に変化が必要になる可能性もあります。必要な変化とは、相談者によって、そして抱えている問題によって異なるものですから、まずはそれを把握する必要があるのです。

専門性に基づいた必要な変化の把握のことを「見立て」と言ったりもします。それらは相談の進み具合や相談者のキャラクターによって、どこまで共有するかという議論はありますが、相談者にとっても、その**「差」を知ることは、変化の第一歩**だったりします。

POINT! 6. どこまで関わるのか

　そして変化のプロセスには、その全てに私たちが関わるのか、あるいは、一部分に関わり、残りは相談者に任せるのかという、**関わりの濃さ**についても考えなければなりません。
　関わりの濃さを判断する基準には、以下のものがあります。

$$\boxed{相談者の意欲} \times \boxed{相談者の力} \times \boxed{変化の難易度}$$

　相談者の意欲とは、悩みや問題を解決したいという気持ちの強さやモチベーションなど、相談者の精神状態のことです。**相談者の力**とは、事務的能力・チャレンジ能力（未知のこと初めてのことをやり遂げる力）・理解力・行動力・コミュニケーション能力・相談力（困った時に放置せず相談できる力）などが挙げられます。
　そして、**変化の難易度**とは、解決そのものの難しさやそれに必要な変化の難易度のことです。これら三つの要素を総合的に勘案して、どこまで関わり、寄り添ったらよいかを判断するのです。
　また、提供するサービスによっては、相談者の代わりに必要な手続き等を私たちが行うこともあります。その場合は、そのサービスに申し込むというところをゴールにおいても構いません。

スキル23　4. 心を動かす相談力（Step3 相談者に変化をもたらす）
変化のツボを理解する
－思考の傾向 × ポジショニング－

POINT!
1. 変化をもたらすには、相談者の立場で考える
2. 変化にはツボがある
3. 変化のツボはどこにある？
4. 変化のツボ1：思考回路の傾向
5. 変化のツボ2：関係者の中での立場（ポジショニング）

POINT! 1. 変化をもたらすには、相談者の立場で考える

相談者に変化をもたらすポイントの一つは、**相談者の論理で考える**ということです。なぜなら、変化のプロセスというのは誰でも同じではなく、相談者それぞれによって違うからです。その道筋に対応する私たちが合わせるのであって、誰にでも同じアプローチをすることは一見効率的に見えて、**逆に非効率**なのです。

POINT! 2. 変化にはツボがある

例えば、糖尿病の患者さんに、甘い物を控えてもらいたい場合があるとします。ここでは、患者さんの気持ちを変化させる（甘い物は控えようと思う）ことに加え、実際の行動に変化をもたらす（実際に食べるのを控える）ことが目標となります。その時に、血糖値を下げるために甘い物は控えた方が良いというのは、あくまでも**対応者側の論理**なのです。たとえそれが医療的に正しいことだとしても、です。患者さんにとってみれば、気持ちの変化をもたらすものというのは、決して「正しさ」だけではないわけです（時として正論は嫌われたりもします）。

それでは、この場合、患者さんは何によって変わるのでしょうか。つまり、患者さんの論理で考えるということは、どういうことなのでしょうか。この場合は、ケースバイケースで、人によって違ってきます。なぜなら、**相談者**

それぞれによって変化のツボは違うからです。

　上記の例で相談者が変化するためには…
- ひどい糖尿病の事例を知ることで、そうはなりたくないという気持ちになる
- 身近に同じ病気の人がいることで、一緒にやってみようという気持ちになる
- 毎日インシュリンという注射を打たなければならないという状況に直面して初めて、これは大変だという気持ちになる
- 今後の病気の見通しを知ることで、甘い物を控えることが必要だという認識を持つ
- 甘い物を食べることがストレス解消になっており、そのストレスの原因を取り除くことでスパッとやめられる
- 「何を言われるか」より「誰に言われるか」を重視する
- 病気について、テレビや新聞などのメディアを通して知ると、納得感を持てる
- あるいは入院などで強制的に遮断されるまで変わらない　など

　ここで重要なのは、相談者によって、変化のツボ（変化のプロセスや変化の論理）は違うということをまず私たちが認識することです。そうすれば、**誰に対しても同じセリフでアプローチすることにあまり意味を感じなくなる**と思います。

POINT! 3. 変化のツボはどこにある？

　どうやって変化のツボを知るのかというと、そのヒントは、コミュニケーションの中にあります。コミュニケーションとは、他でもお伝えしている通り、会話という「言葉でのコミュニケーション」だけでなく、表情や反応、態度などの「言葉以外のコミュニケーション」も含まれます。

　その中から、変化のツボのヒントを見つけるためには、二つの要素があります。一つは、相談者の**思考回路の傾向**を知ること。もう一つは、**関係者の中でのポジショニング**です。

変化のツボ ＝ 相談者の思考回路の傾向 × 関係者の中での立場（ポジショニング）

POINT! 4. 変化のツボ1：思考回路の傾向

　相談者の思考回路の傾向を知るということは、つまり、**どんな時に相談者は変わりやすいのか**という傾向を探っていくことです。

　これは相談者個人によって違うものなのですが、いくつかの項目に分類することによって整理できます（詳細は【スキル24：考えの「クセ」を把握する】を参照のこと）。

POINT! 5. 変化のツボ2：関係者の中での立場（ポジショニング）

　変化のツボの二つ目は、関係者の中でのポジショニングです。全くの個人的な問題であれば、相談者自身だけの問題となりますが、他の人との関係が悩みになっていたり、相談の内容自体に登場人物がいたりする場合も多いです。その時には、関係者の中で、相談者が**どういう立場なのか**ということも相談者の変化のツボには影響を与えます。

　例えば、元々自分の利益を最優先にする、という考えを持った人であっても、関係者が自分の親であったり、尊敬する人であったりすれば、「利益最優先」という傾向が変わってくることもあります。つまり相談者の思考回路の傾向というのは、**人間関係の中で変わってくる**ものなのです。

　具体的には、関係者の中での
　　・上下関係
　　・心理的な距離感
　　・物理的な距離感
　　・立場の違い
などが影響してきます。

スキル24　考えの「クセ」を把握する

4. 心を動かす相談力（Step3 相談者に変化をもたらす）

－思考回路を知る七つのポイント－

POINT!
1. 相談者の思考の「クセ」を見抜こう
2. 自立心－依存心
3. 権威主義－判官贔屓（ほうがんびいき）
4. 個人主義－全体主義
5. 理性的－感情的
6. 実利的－形式的
7. 自己的－利他的
8. 楽観的－悲観的

POINT! 1. 相談者の思考の「クセ」を見抜こう

　前項でお伝えした通り、相談者に変化をもたらすには、相談者の気持ちを動かすことが必要になり、そのためには、一人ひとり違う**変化のツボ**を押さえて、その部分に効果的なアプローチをしていきます。

　それに続き本項では、相談者の思考回路の傾向を知る方法を紹介します。いわば相談者の**思考の「クセ」を見抜く方法**です。その「クセ」に応じたアプローチを行うことで、効果的に変化をもたらすことができるのです。

　なぜなら、相談者の性格や生活歴によって、どのように物事を考え、判断するかという思考回路の傾向が異なっているから。言い換えれば、**心に響くアプローチは相談者一人ひとり違う**のです。相談対応者は、コミュニケーションのやり取りを以下に紹介する七つの指標から分析し、そのヒントを得ていきます。

　それでは具体的にどんなポイントを意識すればよいのか、見ていきましょう。

POINT! 2. 自立心－依存心

```
自立心　　　　　依存心
10        0        10
```

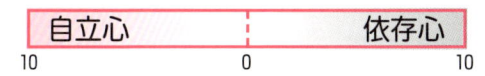

　最初のポイント（指標）は、自立心－依存心です。考えや行動の傾向として、自分なりに考え、自らの責任のもと選択し、人生を歩んでいるのか（自立心）、それとも考えることを放棄してしまい、他者に人生をゆだねているのか（依存心）という指標です。

　自立心が強ければ、自ら選択できるように**選択肢を提供し、選択をしてもらう**ことが効果的ですし、依存心が強ければ、**背中を押してあげる**ような関わりが効果的となります。

　以下に紹介する他の指標にも共通して言えますが、どちらに当てはまるか、と分類するものではありません。上記のグラフのどの辺に位置するのかということを分析していくのです。

　また、七つのポイントを比べてみて、相対的に、どのポイントが高いかということを見たりもします。

POINT! 3. 権威主義－判官贔屓

```
権威主義　　　　判官贔屓
10        0        10
```

　続いて、権威主義傾向なのか、判官贔屓傾向なのかという指標です。権威主義とは、何かを決める時に、役所や政治家・有名人・学歴が高い人など、**一般的に権威がある**とされる人たちに強く影響されること。判官贔屓とは、**弱い者や権威のない者**に同情し応援することです。

　権威主義的な相談者であれば、「学者の意見」や役所、有名人などのエピソード、マスコミの記事などを活用したりすることが効果的ですし、判官贔屓的な方には、一相談員としての立場で奮闘している姿勢を見せるとか、「役所の味方ではなく、あなたの味方なんです」などということを伝えることが効果的です。

　例えば、権威を活用した例ですと、なかなか病気に対して理解が進まなかった家族に、有名人の闘病についての記事やテレビ番組を見てもらうことで、

格段に理解度が深まったケースなどもあります。

POINT! **4. 個人主義－全体主義**

個人主義	全体主義
10　　　　　　0　　　　　　10	

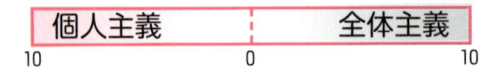

そして次のポイントは、個人を重んじるか、全体を重んじるかという指標です。つまり、物事を決める時に、個人の価値観を優先させているか、所属する団体や職場、世間など、自分の周りのことを優先させているかということです。

ここでは、個人主義傾向が高ければ、**相談者個人が感じるメリット**を伝え、全体主義傾向が高ければ、**周りに及ぼす影響や利点**を伝えるのが効果的です。

例えば、ヘルパーによる家事援助が必要な方にそれを伝える場合、個人主義の場合は、清潔な環境で生活できたり、手作りで栄養価の高い食事が摂れるなど、個人のメリットを伝えます。一方、全体主義の場合は、気にかけてくれる近所の人や離れたところで暮らす息子が安心できたり、同居している娘が仕事を休まなくて済むなど、周りの人に焦点を当てた説明をするなど、相談者によって強調する部分を使い分けるのです。

POINT! **5. 理性的－感情的**

理性的	感情的
10　　　　　　0　　　　　　10	

そして次が、理性的か感情的かという指標です。論理的思考で、理路整然と考えるのか、論理的なつながりよりも、相談者自身の感情を優先させているかということです。

理性的な傾向が強ければ、順を追って説明し、**理詰めでしっかりと伝える**と効果がありますし、感情的な傾向が強ければ、論理的かどうかよりも（むしろ論理を嫌と感じる人も多かったりします）、相談者の**気持ちに共感**したり、登場する人物の**感情に焦点**を当てることが求められます。

例えば、理詰めで何度説明しても契約してくれなかったお客さんが、「何度も通ってくれて申し訳ない」という感情から契約につながったという例は、

感情的な傾向を表しているのです。

> **POINT!** **6. 実利的－形式的**

実利的	形式的
10　　　　　　　0	10

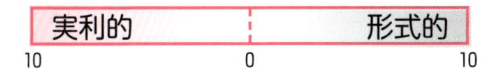

　続いてのポイントは、実利的－形式的という指標です。考えや行動の傾向として、考えたり行動したりして得られる成果や具体的状況などの、**結果を重視**するのか（実利的）、考え行動する**経過（プロセス）を重視**するのか（形式的）ということです。

　例えば、独り暮らしが難しくなった高齢の母親を長男が引き取る時、実利的な傾向が強ければ、結果を重視しますから、同居して介護できる体制を整えることで母親の生活を成り立たせるということを優先します。一方、形式的な傾向が強ければ、それまでのプロセスを重視しますから、兄弟や妻などに相談して、親戚間の合意形成をするということを優先するのです。

　どちらの傾向が強いのかを感じ取ることによって、実利的な場合は結果に焦点を当て、形式的な場合はプロセスに焦点を当てると、相談者の気持ちに沿ったアプローチができるというわけです。

> **POINT!** **7. 自己的－利他的**

自己的	利他的
10　　　　　　　0	10

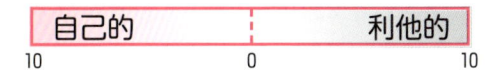

　そして次に紹介するポイントは、自己的－利他的という指標です。考えや行動の傾向として、**自分**に利益があるということに注目しているか、**他者**に利益があるということに注目しているかということです。

　相談に乗りながら、相談者の変化を意識していると、相談者のメリットを強調してしまいがちですが（もちろん多くの場合は良いのですが）、**全ての相談者が自分に利益があることを変化の原動力にしているわけではない**のです。

　また、関係者の中でのポジショニングによっても変化してきます。

　例えば、上記で挙げた母親の引き取りの例で言うと、長男の妻（嫁）は、

本音では義母の介護なんかしたくないと思っていたとしても、立場上、それを言うわけにはいかなかったりします。

そのような場合、相談者が長男の妻であれば、長男の妻の利益（例えば施設に預ければ自分が介護しなくてよい等）を強調しても、立場上、動けないわけです。もちろん、同じ状況でも、相談者それぞれで傾向は違いますから、いかに介護しなくて済むか？ということが最優先になる場合もあります。

ですから、自己的－利他的という指標のどちらの傾向が強いのか、言葉の端々から感じていくことが必要になるのです。

POINT! 8. 楽観的－悲観的

楽観的		悲観的
10	0	10

七つのポイントの最後に紹介するのが、楽観的－悲観的という指標です。物事のとらえ方（過去の位置付け・現状の分析・将来の見通し）の傾向が、**楽観的・肯定的・前向き**なのか、**悲観的・否定的・後ろ向き**なのかということです。

楽観的な傾向があるのに、否定的な働きかけばかりしていると、相談者は物足りなく感じますし、逆に悲観的な傾向なのに、前向きな提案ばかりになると、相談者はついていけないと感じてしまいます。ここでも、相談者の傾向に合わせた対応が求められてきます。

また、相談を受けるという客観的な立場から、相談者が解決したい悩みや問題の現状分析をすることも大事になってきます。

聞き取りの範囲での現在の状況（事実）が、楽観的な現状なのか、それとも逆なのか、それを客観的な立場から把握することで、悲観的状況なのに楽観視していたり、楽観的状況なのに悲観視している、という客観的な部分と相談者の主観とのギャップが明らかになるからです。

スキル25　4. 心を動かす相談力（Step3 相談者に変化をもたらす）
分かりやすく伝える
－プレゼンテーションの技術－

POINT!
1. 分かりやすく伝えるプレゼンテーションの技術
2. 何のために説明するのか？
3. 説明の基本は分かりやすく
4. 分かりやすい説明をしよう！という意識を持つ
5. 相談者が「分かる」言葉を使う
6. 自分なりの「たとえ話」をストックする
7. フィードバックをもらい、修正する
8. 自分も相談者になってみる

POINT! 1. 分かりやすく伝えるプレゼンテーションの技術

　最近あなたの専門外の分野で、何か説明を聞いた機会はありますか。例えば、保険の相談に行ったとか、不動産屋に賃貸マンションについて相談したとか、携帯電話の料金体系について聞いたなどです。その時、説明がよく分からないと感じることはなかったでしょうか。**説明の理解度は、説明する人によって違う**のが現実です。

　このことは、私たちが扱っている相談でも言えることなのです。そのため、分かりやすく伝える、プレゼンテーションの技術を学ぶことが求められるのです。例えば、介護保険制度を説明したり、ヘルパーの利用方法や支払いについて説明する場面は、珍しいことではありませんよね。その場面で「どうやって説明するか」によって、その後の相談の行く先も左右されてしまうのです。

POINT! 2. 何のために説明するのか?

まず、押さえてもらいたいのが、何のために説明するのかということです。目的地が決まらなければ、そこまでの道のりも決まらないですからね。**説明の目的をはっきりさせる**と、説明の中での言葉の使い方や、どのくらい正確に伝えればよいのかという正確性、そして、どの程度の範囲で説明すればよいのかも見えてきます。

例えば介護保険の経済的メリットを伝え、行動を引き出すために説明をするのに、必要以上に制度の問題点を指摘することは不適切です。

一方、専門職であることを認識してもらうために、介護保険の抱える問題点について説明する場面もあるのです。それは、相談の場面によって異なる、説明の目的から導かれるものなのです。

説明の目的の例

- ・制度を理解してもらうため
- ・専門職であることを認識してもらうため
- ・相談者が判断できる前提となる知識を習得してもらうため
- ・相談者の行動を変化させるために、その必要性を感じてもらうため　など

POINT! 3. 説明の基本は分かりやすく

難しく説明するのは、(あまり良くありませんが)圧倒して勝負付けをしたい時くらいです。逆に言うと、ほとんどの場合は、**難しいと思われるようでは説明になっていない**ということです(現実的には、専門外の人にとって難しすぎる説明も意外と多かったりします)。

それでは、どのようなことを押さえておけば、分かりやすい説明ができるのでしょうか。

そのポイントは五つあります。

分かりやすい説明の五つのポイント

> ・分かりやすい説明をしようという意識を持つ
> ・相談者が「分かる」言葉を使う
> ・自分なりの「たとえ話」をストックする
> ・フィードバックをもらい、修正する
> ・自分も相談者になってみる

POINT! 4. 分かりやすい説明をしよう！　という意識を持つ

　分かりやすい説明の基本とは、まず「分かりやすい説明をしよう」という**マインドセット**をすることです。慣れてきたり、勉強して詳しくなると意外と忘れがちなのがこの心構えです。目の前の相談者に「分かってもらう」にはどうすればよいかと考えることから、分かりやすい説明は始まるからです。

　相談者から
「なるほど、そうだったんですね〜」とか、
「よく分かりました！」とか、
「説明を聞いて、納得できました」
などと言ってもらう場面を想像して、そのためには、どう伝えたらよいかと考えてみて下さい。

　なぜなら、相談者にとって分かりやすい説明とは、相談者の立場に立った説明ですから。そのために、あなたが説明する専門分野のことを**「全て忘れて」**みましょう。ただ、実際に記憶をなくしてしまう訳にはいきませんから、想像の世界ですが。

　つまり、もし、自分に専門分野の知識がなかったらどう説明してほしいか、それを考えて、説明を組み立てるのです。知識がないわけですから、難しい専門用語を言われても通じませんし、全体像も見えていない。複雑な話、重箱の隅をつつくような話は聞きたくありませんよね。

　ですので、基本的に説明とは、丁寧すぎるほど丁寧に。全くの初心者向けの説明で問題ありません。場合によっては、**思い切って単純化**して伝えた方が良い場合も多いくらいです。多くの場合、「100％正確なこと」より、「とにかく分かりやすいこと」が求められますから。

POINT! 5. 相談者が「分かる」言葉を使う

「分かりやすい」説明とは、もう少し具体的にはどういった説明なのでしょうか。それは、相談者が「分かる」言葉で説明する、ということです。

私たちが、専門外のことはよく分からないのと同じように、ほとんどの場合が、相談者は専門的な知識は持ち合わせていません。とすると、どうやって未知のことである私たちの説明を理解するのかというと、相談者自身が知っている言葉で、知っていることがらや経験などから類推するしかないのです。つまり、相談者の使っている言葉や知っていることがら、経験などと、説明している内容が**重なれば重なるほど、「分かった！」**と思われやすいのです。

例えば、長らく主婦をしてきた70代の感情タイプの女性に、介護サービスの内容を説明するのは、かなりかみ砕いて、イラストなども用いながら、気持ちに焦点を当てて説明することになります。

一方、大会社の事務でバリバリと働いてきて、定年を迎えたばかりの理論タイプの男性に保険の内容を説明するのには、きっちりと理論立てて、実際に手続きで使う文言を参照しながら伝えることが必要です。

そのためにも、いきなり説明するのではなく、相談者が**どんな言葉を使い、どんな考え方を持っているのか**ということをあらかじめ知る必要があるのです。

POINT! 6. 自分なりの「たとえ話」をストックする

説明の具体的なテクニックとしては、「たとえ話」の活用があります。相談者は、相談者の分かる言葉の範囲内でしか理解できません。ですので、新たな知識を伝える時には、**相談者が分かっていることを例に挙げて説明する**と、すーっと頭に入っていきやすいのです。

例えば、私がよく使っているのは、
- 介護保険の認定有効期間をポイントカードの有効期限に例える
- 遺言を早く書いた方が良いということを、保険をかけずに自動車事故をおこしてしまうことを例えに説明する
- 専門職に相談対応の方法を伝える時、相談者を大切にする接し方を、

・恋愛関係の接し方に例える

などです。

　これらは、説明を繰り返す中で、反応が良かったたとえ話を覚えておいて、次回以降も活用しているのです。このような自分流のたとえ話のストックを持っていると分かりやすい説明ができるようになります。

POINT! 7. フィードバックをもらい、修正する

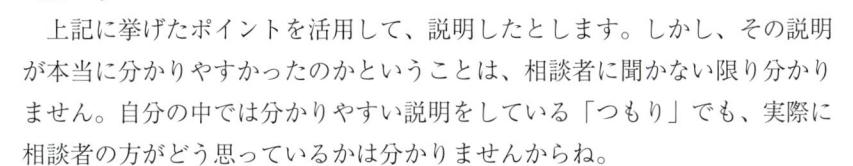

　上記に挙げたポイントを活用して、説明したとします。しかし、その説明が本当に分かりやすかったのかということは、相談者に聞かない限り分かりません。自分の中では分かりやすい説明をしている「つもり」でも、実際に相談者の方がどう思っているかは分かりませんからね。

　だから、説明方法がどうだったか、後から振り返ってみましょう。分かりやすい説明というのは、**試行錯誤の上で完成する**ものですから。

　例えば、

　　　・お分かり頂けましたでしょうか？
　　　・他に何か気になるところはありませんか？

など、**直接フィードバックをもらう**と、改善点も見えてきます。また、相談者の反応を見極めることで、独りよがりの相談対応を防ぐこともできるのです。

POINT! 8. 自分も相談者になってみる

　そして、分かりやすい説明を作っていくのに欠かせないのは、**自分も実際に相談者になってみる**ことです。具体的には、あなたが専門ではない分野が良いと思いますが、その分野の専門職に相談に行ってみて下さい。

　例えば、私なら、

　　　・運動の専門家に、普段の生活の中で取り入れる効果的な運動方法について相談する
　　　・その土地について詳しい不動産屋さんに、物件について相談する
　　　・美容師さんに、体型・顔・イメージにあった髪形を相談する

などが考えられます。

なぜ専門外の分野で、相談者の立場になるのが良いかというと、**正直な感想を持つ**からです。
　「この人の説明は分かりやすかった」
　「たとえ話がしっくりきた」
　「正直、何言っているか分からなかった」
　「途中で話を聞く気がなくなった…」
など、相談対応者である私たちだからこそ、少し厳しい目で、目の前の専門職を評価するのです。そこで、なぜそう感じたのか？　という理由を分析していきます。

相談者となって相手の説明を分析する例

> 分かりやすかったと感じたのは、どうしてなのか？
> ・話の順序で、全体像を先に伝えてくれたからなのか？
> ・身近な例を使ったからなのか？
> ・分からない言葉を使わなかったからなのか？　など
> 分かりにくかったのは、どうしてなのか？
> ・話のスピードが速すぎるからなのか？
> ・前提となる知識の説明がなかったからなのか？
> ・こちらの反応を見ず、一方的に話していたからなのか？　など

　私たちが相談者となって感じたことを分析することによって、まさに相談者の立場で、どういう説明が分かりやすいのか、と考えることになるのです。

スキル26　4. 心を動かす相談力（Step3 相談者に変化をもたらす）
効果的にアドバイスする
－目的とタイミングをおさえる－

POINT!
1. 相談とは、Q＆Aではない
2. アドバイスは何のため？
3. アドバイスの注意点とタイミング

POINT! 　1. 相談とは、Q＆Aではない

　人は生きていれば、誰かに相談し、相談されるものです。だから、相談というコミュニケーションは至るところにあると言えます。しかし、それらの「相談」は有効に機能しているのでしょうか。

　実はそこには落とし穴のように、陥りやすい穴があって、それにはまってしまうと相談の効果が半減してしまうのです。その、多くの一般人が陥りやすい「相談における落とし穴」とは何でしょうか。それは、**タイミングを考えずにアドバイスしてしまう**こと、です。

　一般の方の「相談」に対するイメージは、あたかもQ＆Aのように、一問一答式で、自分が持っている正解を答えること、です。だから、「相談されたからには、ちゃんとしたことを言わなきゃ」とアドバイスをすることに焦点が当たってしまうのです。

　例えば、恋愛対象について自分の意見を言ったり、過去の子育て経験を押しつけたり、苦労した思いを一方的に話したり…と、相談者の話を聴かずに、自分の主張や思いを一生懸命に訴えてしまったりするのです。

　しかし、**相談は一問一答のQ＆Aではありません**。2章の「相談の三つのステップ」でもお伝えした通り、信頼関係の構築を前提とし、相談者に受け取る準備ができていないことには、いくらアドバイスをしても何の意味もないのです。ですから、まずはQ＆Aではない（つまり、いきなりアドバイスをしない）という基本的な部分を押さえておきましょう。私たち自身のコンディションによっては、こんな基本的なことでも忘れてしまいますから。

基本を忘れてしまう私たちのコンディション例

> ・忙しい時
> ・イライラしている時
> ・プライベート、仕事上でトラブルを抱えている時
> ・相談内容が自分のトラウマや苦労と直結している時
> ・相談者に自分を重ねたり、自分との共通点（嫌な場合が多い）を感じたりした時　など

POINT! 2. アドバイスは何のため？

相談とは、相談者が抱える悩みや問題の解決というのがゴールです。そのためには、相談者に変化をもたらす必要があります。

例えば、

- 対応方法が分からない相談者の知識に変化をもたらすことで、問題を解決できるようにする
- 相談者の行動に変化をもたらすことで、問題を解決できるようにする
- 相談者の意識に変化をもたらすことで、問題のとらえ方を変えるようにする

など。

背中を押してもらうことも含めて、現状のままでは問題が解決できないから、相談者は相談に来ます。私たち相談対応者は、**その現状を変えていく必要があるのです。**

それでは、相談者に変化をもたらすために、効果的なコミュニケーション手法は何なのでしょうか。それは、「質問」と「アドバイス」です。

相談者に変化をもたらす二大要素

> ①質問
> ②アドバイス

問題の解決のために、相談者に変化をもたらすのが相談の目的です。「質問」がなぜ効果的かというと、適切な質問を投げかけることで、相談者自身に考

えてもらい、このことが様々な**気付きにつながる**からです（詳細は【スキル28：気付きをもたらす】を参照）。相談者自身に力があれば、質問を投げかけるだけで、今後どのようにすればよいのか相談者自身で発見して、問題の解決に向かうこともよくあります。

ただ、問題の解決には具体的な行動指針が欲しいというのも相談者の本音なのです。ここで登場するのが「アドバイス」です。つまり、アドバイスの目的とは、**専門知識や具体的な行動指針を伝えることで相談者に変化をもたらし、悩みや問題解決へとつなげること**なのです。

POINT! 3. アドバイスの注意点とタイミング

相談者に変化をもたらすために、「質問」と「アドバイス」が有効であることは前述しましたが、アドバイスする時には注意点があります。アドバイスが効果的なのは、あくまでも、相談者が**問題の解決に必要なものは何か**を認識していることが条件になっているということです。

例えば、親の介護という自分の悩みを解決するには、介護保険についての具体的な手続き方法を知ることが必要だ、ということを認識しているからこそ、手続きにおけるアドバイスが聞きたいし、聞けば頭に残るわけです。

そういった認識がなければ、どんなに私たちが親身にアドバイスしても聞き流されてしまいます。つまり、相談者の変化につながらないのです。

また、その認識を持つに至るには、**前提となる様々な知識が必要**です。上記の例で言えば、介護保険ではヘルパー等のサービスが安価で利用でき、それが自分の悩みを解決してくれることを知らなければ、手続きを知りたいという認識になりませんから。だから、具体的なアドバイスをする前に、様々な説明をすることが多いのです。

分かりやすい説明をして、それが理解できれば、相談者の方から「ではどうしたらよいの？」と質問してくれることもあるでしょう。それがまさに、アドバイスのタイミングなのです。

スキル27　4. 心を動かす相談力（Step3 相談者に変化をもたらす）
ニーズとウォンツで変化をもたらす
－内面から行動の変化へ－

POINT!
1. 他人を動かすアプローチ
2. ニーズとウォンツ、他人を動かすのはどっち？
3. ニーズとウォンツを察知するには？
4. 「聴いて」察知する
5. 「見て」察知する
6. 「考えて」察知する
7. 「感じて」察知する
8. ニーズやウォンツにアプローチする

POINT! 1. 他人を動かすアプローチ

　相談においては、他人（対応者以外の人）に動いてもらうことが必要になる場合があります。それは、相談者であったり、相談者以外の関係者、関わっている人、相談者の支援をしている人だったりします。

　例えば、ダイエットについて相談してきた相談者に、一日30分のウォーキングをしてもらう場合や、連携している栄養士に食事のアドバイスをしてもらう場合などです。

　その時に、相手のどの部分にアプローチしていけばよいのでしょうか。本項では、原則論でもある、相手の**内面に変化をもたらす方法**についてお伝えします。
　（変化のプロセスについては【スキル22：「変化」について知る】を参照のこと）

POINT! 2. ニーズとウォンツ、他人を動かすのはどっち？

　結論から言うと、どちらか片方というわけではありません。相手や状況に応じて、必要性を訴えるのか、感情に働きかけるのかを**使い分ける**必要があ

ります。

それでは、ニーズとウォンツをどのように使い分ければよいのでしょうか？

①ウォンツに働きかける

他人を動かす時に原則的なのは、ウォンツに働きかけることです。なぜなら、基本的には**変化の源は、感情**だからです。何かをしたいという感情が、現実的な行動の変化をもたらすわけです。

ですから、相談者自身の変化を求める場合の多くは、ウォンツに働きかけます。相談者の感情（何をしたいと思っているのか？）という部分に注目し、話を聴いたり、質問したりしていくのです。

②ニーズに働きかける

ウォンツに働きかけることが原則的ならば、ニーズに働きかけるのはどんな時なのでしょうか。それは、感情より理性が優先される時。具体的には、**仕事の場面**です。

ですから、相談者の関係者、関わっている人、相談者の支援をしている人などに動いてもらいたい場合で、先ほどの栄養士の例のように、その人が仕事で関わっている場合は、理詰めの説得も効果があります。客観的な必要性（ニーズ）を説明することで、**動かざるを得ない状況**であることを伝えるのです。また、相談者の中でも、理論的な話を好む傾向がある方の場合は有効です。

POINT! 3. ニーズとウォンツを察知するには？

それでは、そもそも、相談者のニーズやウォンツというのは、どのように察知していくのでしょうか。ここでは四つのポイントをお伝えします。

POINT! 4.「聴いて」察知する

まずは基本中の基本ですが、聴くことです。相談とは、相談者が抱えている問題や悩みを解決するためのものなので、そもそもの問題や悩みを聴かな

いことには、始まらないわけです。

　また、相談に来たきっかけや、相談者の状況を尋ねることも、ニーズやウォンツを知るための、とても良い情報源になります。特にニーズを知るためには、**客観的な事実**を押さえておくことが必要です。また質問では、事実を知ることばかりに注力しがちですが、**主観的な思いや気持ち**を聞くことも大事です。特にウォンツを知るためには、相談者の気持ちや考え方を直接尋ねてみることも効果的なのです（意外と意識しないと聞かない部分です）。

　しかし、**相談者が言うことが全てではありません**。当然、相談者が認識していることしか相談者は話せませんし、言いたくないことは言わない場合も多いです。だからこそ、質問を重ねていくことで、新たな気付きを持ってもらったり深いところまで考えてもらったりして、一つひとつ引き出していくわけですが、聴くことだけで全てを網羅することはできないのです。

POINT! 5.「見て」察知する

　言葉以外のコミュニケーションを把握するために、役立つのが観察です。例えば、しぐさ、顔の表情、話す姿勢、質問への反応などは、言葉ではありませんが、むしろ言葉より饒舌に相談者自身の**感情を反映**します。だから観察が大事なのです。

　直接聞いても、色々な配慮をしたり、世間体を考えたりなどで、正直な自分の気持ちをなかなか言わないことも多いですが、しっかり観察していると、それが見えてきます。ウォンツを把握するためにはとても有効なのです。

　また、目の前で見えたことは、事実でもあります。相談者の髪形、服装、歩き方、しぐさ、顔つき、肌の状態、目つきなどなど…細かい部分まで見るとたくさんの情報が得られます。見えない相談者像を勝手に想像することにはまってしまうことを防ぐためにも、**事実に基づき判断する**ことは大事です。観察で得た情報はそのベースにもなるわけです。

POINT! 6.「考えて」察知する

　相談者に聞き、相談者を観察して得た様々な情報は、私たち相談対応者が判断し分析します。

例えば、
- ・本当に言葉の通りだろうか？
- ・この事実を踏まえたら、これが必要だ
- ・相談者の気持ちはこの部分が強い

などと、私たちの頭の中で考えるのです。

　ここでは、**ニーズとウォンツを分けて考える**ことは必要不可欠です。結論としてニーズとウォンツが同じになればよいのですが、そうでない場合が多いので、混乱しないように注意しましょう（ニーズとウォンツの違いは【スキル７：必要性を把握する】【スキル８：相談者の要望を知る】を参照のこと）。

　様々な情報を分析することは、特にニーズを察知するのに役立ちます。客観的な事実を積み上げて、専門職としての知見から判断することによって、相談者のニーズというのは分かってくるのです。

POINT! 7.「感じて」察知する

　そして最後は「感じる」です。同僚の機嫌が悪いと、何となく分かったりしませんか。それは、相手の言動で分かる場合もありますし、文字通り「何となく感じる」こともあります。「何となく感じる」の正体は、**私たちが認識していない部分での、言葉以外のコミュニケーションのやり取り**なのです。

　相談では、その「感じる」という部分も大事にしてほしいと思います（あまり大事にしすぎると、想像の世界に入ってしまう危険はありますが）。相談に乗ることで、私たちがどのように感じたかということは、聞き取りや観察のポイントになったりもします。

　何となく気になる部分があって、それを聞いてみたら長年悩んできたことだったとか、何となく引っかかったことがあって、次回の相談の時に観察をしてみると、意外な事実が分かったりすることもあるのです。

　優秀な相談員の方が、初めての相談で効率的に、ニーズとウォンツの本質まで到達できるのは、**この感覚が磨かれている**からだと思います。全身をアンテナにして色々なことを感じ、それを確認していくと当たりが多いというわけです。

POINT! 8. ニーズやウォンツにアプローチする

　ニーズやウォンツを把握・察知したら、それらにアプローチしていきます。ここではそれを「一言」「イメージ」「実際の流れ」と三つに分けてお伝えしたいと思います。

①一言で言うと

　アプローチすることを一言で言うとどうなるのでしょうか。まず、ニーズにアプローチするのは**「説得」**。必要性とは、理論的に説明できるものですから、それを相談者（あるいは関係者）に理解してもらうには、理詰めの説得をすることになります。

　そして、ウォンツにアプローチするのは**「共感」**です。相談者の「どうしたいのか？」に寄り添っていくには、相手の感情や考えを尊重し、共有していくことになるのです。

②パズルのピースに例えると…

　次に、アプローチについてのイメージを持っていただくために、パズルのピースに例えてみたいと思います。

　まず、「説得」であるニーズへのアプローチは、一つひとつのパズルのピースをはめるように行っていきます（通常のパズルの遊び方ですね）。パズルのピースは、そこに位置する理由があります。上下左右と柄がつながっているか、溝が合うかなど、その場所に入るピースは一つしかないのです。このように、ニーズへのアプローチは、**客観的に説明がつき、誰にでも分かる形で**行われます。

　それに対し、ウォンツへのアプローチは、ピースを一つひとつ見ていって、「これは好き」「これは嫌い」というようにより分けていくというイメージです（通常のパズルの遊び方ではありませんが…）。パズルのピースを単体で見ると、どこかの柄の一部分である色とパズルの形（溝）から成り立ち、それ自体にはあまり意味がありません。それを好きかどうか判断していくには、何となくの好みしかなく、理屈ではないのです。

　このように、相談者の根底にある**理屈ではない思い**を引き出していくことから、共感は始まっていきます。

③**実際の流れについて**

　ここでは実際にアプローチする際の流れについて、示していきたいと思います。

ニーズへのアプローチ

> 客観的な証拠を収集
> 　→理論（専門的知見からの根拠）の提示
> 　→そこから導かれる必要性を説明
> 　→解決策の提示
> 　→行動への落とし込み

ウォンツへのアプローチ

> 相談者の主観的な感情・思いの言語化
> 　→問題解決の根底となる思いの確認
> 　→それを叶える具体的な解決策の検討
> 　→行動への落とし込み

　ニーズを重視すると、ある程度同じ問題を抱える人については、同じ様な解決方法になりますが、ウォンツを重視すると、相談者によって思いが違うため、その先の展開も変わってきます。そのため、専門職や一部の理論タイプの相談者を動かすにはニーズが適していて、話も早く済むことが多いのです。

　一方、相談者や周囲の一般の方を動かすためには、**思いへの共感**を無視するわけにはいかず、専門職と比べるとじっくり話をしていく必要があるのです。

　また、ウォンツへのアプローチは、**相談者の言いなりではない**ことに注意です。当然に思いや感情は大事にしていきますが、それを叶えるための具体的な対応方法やアドバイスには、私たちの専門性が反映されるべきなのです。

スキル28 4. 心を動かす相談力（Step3 相談者に変化をもたらす）
気付きをもたらす
― 思考をうながす技術 ―

POINT!
1. 「気付き」とは何ぞや？
2. 思考が気付きをもたらす
3. 相談者の思考を促すために質問する
4. 理由や経過の詳細を尋ねる

POINT! 1.「気付き」とは何ぞや？

　相談者の変化というのは、行動の変化・知識の変化・意識の変化・感情の変化など、様々な要素があるのですが、基本的には、内面の変化 → 言動の変化という経過をたどります。そして、内面（特に意識面）に変化をもたらすためには、**「あ、そうか」**という**「気付き」**が重要になってきます。「気付き」とは、色々なところでよく聞く言葉だと思いますが、あなたはそれを説明できるでしょうか。

　なかなか明確に言語化されていない言葉、それが「気付き」だと思います。「気付き」とは、**全く新しいことを知ることではありません**。相談者は、未知のこと（あるいは意識に上っていないもの）には気付けないのです。私たちも同じですよね。

　例えば、私はアメフトについて全く知識がありません。仮に喫茶店で隣に座った人が、有名な選手だったとしても、それに気付くことはできないわけです。また、逆に、私が好きなアーティストのコンサートに行った時には、本人が登場するのは当然ですから、ステージに本人がいるということは気付きにはなりません。このように、すでに分かっていることは気付きとはなりません。

　ただ、よく見るとそのアーティストが、私が気に入っているブランドのアクセサリーを付けていることを発見したとしたらどうでしょう。アーティストとアクセサリーという、**一見無関係なものが、結びつきます**。それが「気付き」なのです。

その体験を経た後は、アーティストを見たらアクセサリーを思い出しますし、その逆もあります。それまではそのようなことは一切想像もしなかったわけですが、「気付き」によって**新たな認識**が私の中にできたのです。
　以上のように、「気付き」とは、未知だけでもなく、既知だけでもない…。相談者の中にあるもの（既知）を活用して、新たな認識をしてもらうことなのです。

POINT! 2. 思考が気付きをもたらす

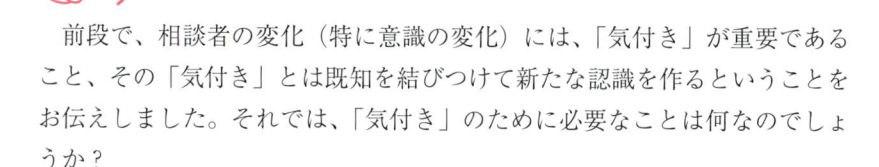

　前段で、相談者の変化（特に意識の変化）には、「気付き」が重要であること、その「気付き」とは既知を結びつけて新たな認識を作るということをお伝えしました。それでは、「気付き」のために必要なことは何なのでしょうか？
　先ほどの例で言うと、アーティストと好きなブランドのアクセサリーを結びつける作業のことです。結論から言うとそれは、思考です。つまり、**相談者の頭の中で考えてもらう**ということ。
　ただ、思考というと難しそうに聞こえてしまうので、頭の中で**「ピンとくる瞬間」**と言った方が分かりやすいかもしれません。「アハ体験」などと表現している人もいます。いずれにしろ、相談者の頭の中での作業が必要になるということなのです。

POINT! 3. 相談者の思考を促すために質問する

　相談者の頭の中で考えてもらうためには、そのきっかけを提供することが必要になります。もちろん、相談のコミュニケーションの中で、色々考えて気付く相談者もいます。ただ、それだけだと相談者の資質に左右されてしまうので、意図的に私たちが、**考えるきっかけを投げかける**ことが大事なのです。
　では、そのきっかけとは何でしょう。それは、**質問する**ことです。質問を投げかけることで、相談者の頭は回転を始めるのです。例えばパソコンは、検索のキーワードを入力して初めて答えを出そうとしますよね。それと同じようなイメージです。

POINT! **4. 理由や経過の詳細を尋ねる**

　それでは、どのような質問が相談者の思考を促すのでしょうか。聞かれた内容に答えるということは、相談者の頭の中にあるものを言葉にするということ。言葉にするためには考えや感情、事実などを言葉にまとめなくてはいけません。だから、質問を投げかけること自体が**言語化**する作業をもたらし、ひいては、**思考してもらう**ことにつながります。

　だから、質問すること全般が思考を促す行為と言えるのです。中でも、言動の背景について考えてもらう質問というのは、相談者の内面についての思考を促します。具体的には、**理由を尋ねたり、経過や詳細を尋ねたりする質問**です。事実の確認についての質問と比べると、機械的に答えられない分、考えることが多いわけです。

理由や経過を質問する例と相談者の思考

> 「どうして、今日は相談に来たのですか？」
> 　→（何でって、病院で言われたからよ。とりあえずワーカーさんをたてなくちゃと思って）
> 　→（でも改めて考えてみれば、やっぱり私一人でお母さんの面倒見るのはちょっと不安かも）
> 　→（そうそう。家に帰ってきた時、ちゃんとした体制で迎えたいもの）
>
> 「退院日が決まった時、どんな風に思いました？」
> 　→（そりゃもう、「信じられない〜」よ。なんでうちだけが早く退院しなきゃいけないのよ）
> 　→（あの院長、ムカつくわ。人の気持ちも知らないで）
> 　→（動けないのに家に帰すなんて、どうかしてるわ）
> 　→（やっぱり一人じゃ絶対無理。何とかして頼れる人を見つけなくちゃ）
>
> 「病院に入院した後、どのような治療を受けたのですか？」

→（治療ってほどの治療なんか受けてないのよ。えっもう退院？って感じ）
　　→（あの病院は頼りないわ。やっぱり）
　　→（でも、退院って言われたんだから仕方ないわよね）
　　→（戻ってくる以上は、ちゃんと準備しなくちゃ）

「○○さんに構っていられないというのは、どういうことですか？」
　　→（私だって仕事してるんだから、そうそう介護できないわよ）
　　→（何だって最初が肝心。ちゃんと困ってるって言って、ヘルパーさんを確保しなくちゃ）

「今すぐはまずいんですね。その理由は何かあるんですか？」
　　→（だって心の準備があるじゃない。買えって言われたものもまだ買ってないし）
　　→（ヘルパーさんに頼むのも、何か色々手続きがあるって聞いたし）
　　→（なるべくならしばらく病院にいてほしいんだよね、正直）
　　→（ま、ここでそんなこと言っても仕方ないか）
　　→（意地張るのもこれくらいにして、準備しなきゃ。困るのは私だし）
　　→（どうせ頼むなら、早い方がいいか）

　上記の例のように、相談者は様々な事情、そして様々な感情を抱えています。初めは、それらは混沌としているのですが、質問を投げかけることによって言語化せざるを得なくなり、思考が回り始めるのです。

　すると、混沌としたものが少しずつ整理され、顕在化していなかった思いや考えが表れます。そのことが「気付き」であり、内面（特に意識）に変化をもたらすのです。

　「気付き」というと何か世界の認識が一転するような大発見のイメージがありますが、実際の相談では、上記のように「ちょっとした変化」です。しかし、その**「ちょっとした変化」を相談者にもたらすことによって、相談者の悩みや問題は解決の方向に進み出す**のです。

スキル29　4. 心を動かす相談力（Step3 相談者に変化をもたらす）
行動してもらう
－行動から内面の変化へ－

POINT!
1. 先に行動を変えることもアリ?!
2. 行動へのアプローチが有効な場合とは？
3. 行動にアプローチする
4. 相談者が動かざるを得ない状況を作る五つの方法

POINT! 1. 先に行動を変えることもアリ?!

　変化のプロセスは大まかに分けて二種類あることはお伝えしました（【スキル22：「変化」について知る】）が、それでは、内面と外面のどちらにアプローチするのが良いのでしょうか。

　相談においては、相談者の具体的な行動に変化をもたらすことで悩みや問題解決を図る場合が多いので、まずは外面（行動など）に直接アプローチしたくなりますよね。外面へのアプローチは、場合によっては、それが有効な時もあります。「場合によっては」としたのは、**多くのケースで、直接行動にアプローチしても上手くいかない**からです（変わってほしいことに限って変わってくれなかったりします）。

　例えば、ダイエットの相談で、いきなり結論であるウォーキングをすべきということを言ったとしても、上手くいかないことは分かると思います。「それは分かってるけど、できないから相談に来てるんだ」などと思われてしまったりするわけです。単刀直入でシンプルなので、これで変わってくれたら楽なのですが。

　以上のように、多くの場合は、いきなり外面（行動）にアプローチするのは得策ではないのですが、それが有効な場合があるのです。

POINT! 2. 行動へのアプローチが有効な場合とは？

　行動への直接のアプローチが有効な場合とは、**アドバイスには必ず従うと**

いう**関係性**がある場合です。例えば、主従関係や師弟関係があれば、主人あるいは師匠の言葉は絶対ですから、行動するしか選択肢がないわけです。

　一般の相談者との関係では、主従関係や師弟関係になることはあまりないとは思いますが、支援者同士の関係など、連携をとる人との関係ではあり得ます。また、契約などを結び、行動せざるを得ないようにしてしまうこともありますよね。一方的な尊敬の念が強かったり、知識や経験に極端な差があったりする場合も当てはまります。これらの条件がある場合に、**何らかの強制力を伴って、行動を変えてしまう**のです。

　けっこう乱暴な方法だと思う方もいるかもしれませんが、思考と行動の間では（内面と外面の間では）、相互に作用が働きます。つまり、思考が変わって行動も変わることもあるし、行動が変わることによって思考が変わることもある、ということなのです。

　例えば、内心しぶしぶ師匠の言葉に従って、ウォーキングを続けたところ、10日ほど続けたところで、身体の調子が良くなっていることに気が付き、自ら「歩きたい」と思うようになった、ということもあるわけです。この例のように、**行動を変えることがきっかけとなり、その人の考え方まで変わっていくこと**もあります。考え方が変わっていけば、それはもう「強制」とは言えなくなりますからね。

POINT! 3. 行動にアプローチする

　相談者の感情や認識に働きかけるのではなく、いきなり、行動にアプローチするとは、どのようなことなのでしょうか。簡単に言うと、**動かざるを得ない状況**を作ってしまうということです。

　例えば、介護予防の相談に来ているのに、身体を動かすことが嫌いな人がいるとします。専門職としては、筋力低下に備えるために運動習慣をつけて欲しいと思ったとしても、なかなか嫌いなことに取り組んでもらうのは難しいですよね。

　原則としてはやる気を引き出すコミュニケーションを駆使していくわけですが、自発的なやる気に期待するのには限界があります。もちろん、嫌いなことを好きになってもらえばやる気も出るし、言うことなしかもしれませんが、それはあまり現実的ではない場合もあります（嫌いの度合いにもよりま

すが）。

　そこで、嫌い → 好きという相談者の内側の変化に働きかけるのではなく、まず運動習慣をつけること（実際に行動すること）に焦点を合わせるのです。

行動へのアプローチの例

> ・家族に協力してもらい、運動を強制してもらう
> ・入院して物理的に甘いものを食べられなくする
> ・夫に強制的に病院へ連れて行ってもらう
> ・上司の立場を利用して命令してもらう
> ・地域の有力者に「ヘルパーを利用しないとダメ」と言ってもらう
> ・「騙されたと思って食べて」と栄養補給食をとりあえず食べてもらう

　というように、嫌いなままでも、運動せざるを得ない状況にする方法はあるのです。相談者の内側から湧き出てくるやる気ではなく、ある意味強制力のようなものを使って、先に行動を変えてしまうのです。

POINT! 4. 相談者が動かざるを得ない状況を作る五つの方法

　それではこれから、相談者の外側にあるものの力を活用して、動かざるを得ない状況を作ってしまう五つの方法についてお伝えします。

①断れない人間関係を活用する

　相談者が尊敬している人・師弟関係にある人・主従関係にある人等を巻き込み、相談者とその人との人間関係の中で**強制力を発揮してもらう**方法です。相談対応者にとってそのような立場であれば、直接言って、強制的に行動してもらいます。

　私たちがいくらアプローチしてもなかなか変化しなかったのに、その人の**「鶴の一声」**が相談者を動かす場合もあるのです。また、相談者に「宣言をしてもらう」ことで、引っ込みを付かなくさせてしまうこともあります。

②ニンジンをぶらさげる

　あまり良い言い方ではないかもしれませんが、**「餌で釣る」**方法です。悩みや問題の解決自体が、魅力的な場合もありますし、それとは関係ない部分でも「餌」となるものはあります。

③嫌なことを避けてもらう

　人間の持つ、好きなことに向かう力と**嫌なものを避ける力**は強いものがあります。後者を活用するのが、嫌なことを避けてもらうこと。
　具体的には、放置した場合のリスクを伝えます。それが嫌であればあるほど、それは避けたいという気持ちが生まれてきます。

④期限の力を活用する

　期限を区切ることです。**締め切りのパワー**は強いものがあります。期限を約束すると、より具体化されるため、やらねばならないという気持ちが強くなるのです。

⑤環境を変える

　ここでの環境とは、場所だけでなく、人間関係など様々なものを含みます。まず場所自体を変えると気分が変わりますし、**周りの人や仲間を変える**ことによって、相談者が影響を受けることがあります。
　例えば、スポーツクラブに通ったり、運動サークルに入ったりしてもらうことです。

　以上のように、動かざるを得ない状況を作ってしまい、先に行動を変えてしまうのです。その変化が、内面に影響し、徐々に意識や感情も変わってくるというわけです。

スキル30　想像してもらう
4. 心を動かす相談力（Step3　相談者に変化をもたらす）
－行動までのハードルを下げる－

POINT!
1. 動かないのではなく、動けない
2. 未経験の壁を越える方法とは
3. シミュレーションの五つのポイント
4. 分かりやすく伝える
5. 全体像を伝える
6. 具体的に伝え、具体的に話してもらう
7. 鮮明なイメージを持ってもらう
8. 擬似体験をしてもらう

POINT! 1. 動かないのではなく、動けない

　問題や悩みの解決のためにしなければいけないことが明確なのに、**なぜか、それを行動に移せない**人っていませんか。相談者の中には、初めてのことが苦手な人がいます。そういう傾向がある人は、経験したことがないことや知らないことを実行することがなかなかできないのです。

　例えば、相談者の抱えている問題の解決には、市役所の福祉課での手続きが必要だとします。初めてのことが苦手な人は、市役所に行ったことがなかったり、手続きのことを知らなかったりすると、どうしても足が遠のいてしまったり、様々な理由をつけて（あるいは無意識のうちに）避けたりしてしまうのです。

　上記のように、初めてのことが苦手な人に対しては、自ら動かない（やる気がない）という評価をしてしまいがちですが、そうではないのです。未経験・未知のことに抵抗があることが引っかかっているだけですから。その部分を解決していけば、やる気が出たり、実際に行動できたりすることが多いのですね。

　そういった意味では、初めてのことが苦手な人は、動かない人なのではなく、**動けない状況にある人**であると言えるのではないでしょうか。

POINT! 2. 未経験の壁を越える方法とは

　それでは、動けない状況にある、初めてのことが苦手な人が、未経験の壁を越えて、動けるようになるには、どうしたらよいのでしょうか。そのために有効なのが、**事前のシミュレーション**なのです。

　動けない状態とは、分からないという漠然とした不安の状態です。その漠然とした不安感に対して、**具体的なイメージを持って疑似体験**をすることで未経験・未知の状態から、想像できる・知っている状態へと変わっていくわけです。

　例えば、旅行する時に、ガイドブックを読み込んでから出かける人は比較的多いと思います。なぜなら、下調べしておくと、お得なチケットの情報が書いてあったり、絶景スポットや隠れ家風のお店などを知ることができ、初めて行く土地でも迷わずに良い時間が過ごせるからです。それはまさに旅行のシミュレーションでもあります。

　着いたらまず駅から周遊バスで〇〇神社に行って、昼食は地元の小料理屋で新鮮な食材を食べて、午後は川沿いを散策しながら、疲れたら老舗のカフェで一休み、その後は〇〇温泉で夕日を浴びながら入浴…のような感じですね。写真や体験談などが載っているガイドブックを読んでいるだけで、あたかも予行練習をしているような感覚になるのです。

　初めてのことが苦手な人に対しては、相談の中で事前に具体的なシミュレーションをしておけば、実際の行動に至るまでのイメージができますから、**実行するためのハードルが下がる**のです。

POINT! 3. シミュレーションの五つのポイント

　相談で行う、初めてが苦手な相談者が、行動できるようになるためのシミュレーションには、五つのポイントがあります。

シミュレーションの五つのポイント

①分かりやすく伝える
②全体像を伝える

③具体的に伝え、具体的に話してもらう
④鮮明なイメージを持ってもらう
⑤擬似体験をしてもらう

POINT! 4. 分かりやすく伝える

　まず大事なのは、目の前の相談者にとって、分かりやすく伝えることです。特に「目の前の相談者にとって」という部分が大事ですね。極論を言えば、一般的や平均的に分かりやすいかどうかということは関係ありません。

　相談者は、その人の世界の中の言葉や経験を活用してでないと新たなことを認識できませんから、相談者が知っている言葉を使ったり、相談者の今までの経験と結びつけたりすることが求められます。

POINT! 5. 全体像を伝える

　そして、忘れがちですが、全体像を伝えることも重要なことです。例えば祇園にある喫茶店の店内図だけを見ても、なかなかその位置がピンときませんよね。京都の観光マップ（全体像）のどの位置にあるかが分かるからこそ、どのタイミングで一休みしようか決められますし、どのルートで行くか等、現実に行くことが具体化してくるわけです。

　ですから、初めてのことに挑戦してもらうためには、まず**全体像を示し、とってほしい行動の位置付けを明確にする**ことが大事になってくるのです。

POINT! 6. 具体的に伝え、具体的に話してもらう

　シミュレーションにおいて、一番重要なことが「具体性」です。なぜなら、細かい部分の具体性が見えてくることで、**話が現実味を帯びてくる**からです。だから私たちが説明したり、伝えたりする時には、一般論でなく、相談者の個別性に合わせた話が前提となりますし、言い方一つとっても、具体的に伝えていきます。

具体性の例：コンビニで電気代を支払うことを説明する場合

> - ○○電力から来た払込書と1万円を持って家を出ます。
> - 駅の改札を出て左に進み、駅前商店街を5軒ほど進んだところの右側にコンビニがあります。
> - 自動ドアから入ると、正面にレジがありますので、そこに並んで下さい。
> - 順番が来たら、持って来た払込書を店員さんに渡し、「支払いをお願いします」と言います。
> - 店員さんがピッとバーコードを読み取ると、「ボタンを押して下さい」と言われますので、レジの画面に表示される「承認」というボタンを指でタッチして料金を支払って下さい。
> - 最後に領収証を受け取って下さい。これで終了です。

このくらい具体的に説明すると、その場面が思い浮かべやすくなるのです。

また、相談者に具体的なことを話してもらうことも効果があります。上記のコンビニの例で言うと、「いつ行きますか？」などと質問して、「今週の金曜日に行きます。10時に家を出て、銀行に寄ってお金を下ろしてから支払いに行きます」などと相談者の口から言ってもらうのです。

相談者から言ってもらうというのは、宣言して引き下がれない気持ちになるとともに、一度現実問題として、頭の中で考えてもらうことで**自らシミュレーションしてもらう**ことを意図しています。

POINT! 7. 鮮明なイメージを持ってもらう

具体性を持つというポイントともつながりますが、未体験のことをシミュレーションすることは、より**鮮明なイメージ**を持ってもらうためでもあります。それは五感が伴うほどリアルに近づいてきます。

旅行のガイドブックに、鮮やかな絶景の写真があるからこそ、初めての場所でもどんな場所か想像がつきますし、旅行番組の食事シーンで、鉄板で肉が焼かれる音が聞こえるからこそ、食べてみたくなるわけです。ですので、鮮明なイメージを持ってもらうために、話の中で、**五感**（視覚・聴覚・嗅覚・味覚・触覚）を活用するのもポイントなのです。

POINT! 8. 擬似体験をしてもらう

　シミュレーションとは、**疑似体験**でもあります。もちろん今までお伝えしてきたように、相談を通して疑似体験してもらうこともありますし、手記や解説本を読んでもらったり、経験者と交流をもってもらったり、一度実際に体験してみたりすることで疑似体験してもらうという方法もあります。

　以上の五つのポイントに気を留めながら、相談者とやり取りしてみて下さい。行動までのハードルが下がっているのに気が付くと思います。

スキル31 │ 4. 心を動かす相談力（Step3 相談者に変化をもたらす）
相談後もフォローする
－変化の可能性を高める方法－

> **POINT!**
> 1. 相談後にフォローする
> 2. 相談でモノを活用する方法
> 3. モノを使う目的
> 4. モノを活用する四つのポイント
> 5. 「新しい」モノを使う
> 6. 手渡しする
> 7. 声をかける
> 8. 普段渡すモノを活用する

POINT! 1. 相談後にフォローする

　相談中に問題が解決し、悩みが解消すればよいのですが、そうでない場合も多く、いかに**相談後まで影響を及ぼせる相談**をするかというのが相談のキモだといえます。

　その一つの方法として、相談後にフォローを入れることがあります。例えば、後から電話したり、手紙やハガキを送ったりするのです。もちろん「フォロー」ですから、相談中にできなかったことを新たにするのではなく、あくまでも相談でやったことの後押しですけどね。でも、意外とこのフォローがされていない相談も多いのです。

　もし、あなたが誰かに相談し、その後「あれから、どうしていますか？」とか、「あの時言っていた○○は、やりましたか？」などと聞かれたら、どうでしょう。まず相談に行っていたことを**思い出します**し、そこまで考えてくれているのかと嬉しくなると思います。また、相談した結果、「やる」と言っていたことをまだやっていなかったとしたら、**「やらなきゃ！」という気持ちになる**と思います。だから、変化の可能性を高めるには、相談後のフォローが有効なのです。

　また、あらかじめ相談者に「役所に電話して、○○さんが行くことを伝え

ておきますね」と行き先に連絡することを伝えておくなど、相談後に第三者を巻き込むことを知らせておくことも可能性を高める点では効果的です。

POINT! 2. 相談でモノを活用する方法

　相談はコミュニケーションという形のないものですが、その効果を高めるためにモノという「形あるもの」の力を活用することができます。

　基本は決意を忘れないように、**モノに意味を持たせる**のです。そうすることで、例えば私たちが、今年は本を読もうと決意の意味を込めてブックカバーを買い、それを見るたびにその決意を思い出すのと同様に、相談者も相談が終わってから、それを見るたびに思い出すというわけです。

　もちろん、自分自身で決意を込めるのと、相談で第三者に意味付けされるのでは、真剣味はおのずと違ってきますが、それでも、相談後まで影響を及ぼせるという点で、モノを活用する効果は大いにあるのです。

POINT! 3. モノを使う目的

　まず整理しておきたいのですが、モノを活用する目的（目指す効果）には、二つあります。それは、
　　①相談に来たこと自体を忘れないこと
　　②相談の結果を具体的な行動につなげること
という二つです。

　まず一つ目ですが、相談に来たこと自体が、問題解決や悩みの解消のための、大きな第一歩です。どんな問題でも、どんな相談者でも共通していることは、最初に勇気を振り絞って「相談してみた」ということですから。

　ですので、相談したことをすっかり忘れてしまって、**何もなかったかのように日常に戻ってしまうのが最もコワイ**ことなのです。相談する前の段階、つまり「振り出し」に戻ってしまうことですからね。

　そして二つ目は、相談の結果、問題解決のために何らかの行動を求められる場合には、行動することを思い出してもらい、**実際に行動する可能性を高める**ことが必要です。相談に行ったことは覚えてくれていても、その成果である、「○○する」ということを忘れてしまっては問題解決まで到達しませ

んからね。

　相談の場面では、相談者も納得して方向性が決まったのに、その後、少しも進展が見られない…などということも決して少なくありません。そのような事情もあって、相談の後、具体的な行動につなげるためにモノの力を活用するのです。

POINT! 4. モノを活用する四つのポイント

　ここからは具体的にモノを活用するポイントをお伝えしていきます。

モノを活用する四つのポイント

> ①「新しい」モノを使う
> ②手渡しする
> ③声をかける
> ④普段渡すモノを活用する

POINT! 5.「新しい」モノを使う

　まずは、どんなモノを使うのか？　ということですが、新しいモノであることが重要です。ここで言う「新しい」とは、**相談前には持っていない**という概念的な意味で、全くの新品でなくてはダメというわけでも、同じものではダメというわけでもありません。

　例えばデザインが同じ名刺を前回お渡ししたとしても、今日改めて渡す名刺そのものは、相談者にとっては持っていない「新しい」モノですから、それでよいのです。つまり、相談時に持っていないモノということ。

　なぜ「新しい」モノかと言うと、**変化の象徴**としてモノを使うので、相談者に馴染みのものより「新しい」モノの方がそれに相応しいからです。

POINT! 6. 手渡しする

　そして、私たちから相談者に手渡しすることもポイントです。忘れにくく

するためのコツとして、モノに意味を持たせるには、**その場面を印象に残す工夫**が必要なのです。だから、しっかりと卒業証書を渡すような気持ちで、話をひと区切り付けてから、改めて手渡しします。相談者が話に気を取られたりせずに、集中してもらうためにも、ひと区切り付けることは重要なのです。

相談の流れを考えると、モノを活用するのは、終盤になってからが多いと思います（特に行動をうながす場合）。例えば帰り支度をしている最中に渡しても、上の空で、私たち渾身のメッセージが届かない…ということもありますから、**手渡しするタイミング**にも気を付けてみて下さい。

POINT! 7. 声をかける

さらに、手渡しする時に声をかけます。特に具体的な行動を起こしてほしい場合は、必須といってもよいくらいですね。**行動と関連付けて、具体的に一言添える**のがポイントです。

例えば、連絡先の書かれたモノを渡しながら、「明日、これを見て電話して下さいね」と言うとか、病院に行ってもらう必要がある場合は、病院までの道のりが書かれた書類を渡しながら、「○○医院にこれを見ながら行って下さいね」と言うなどします。そうすると、そのモノが目に入るたびに思い出すわけです。「あ～　そう言えば電話してって言ってたな～」などと思い出すことができます。

声をかけることで初めて、モノに意味付けができますから、忘れずに一言添えて下さい。

POINT! 8. 普段渡すモノを活用する

それでは具体的に、何を渡せばよいのでしょうか。例えば女性に花を一輪差し上げたりすれば印象に残るのかもしれませんが、なかなか現実的ではありませんよね（生花は枯れてしまいますし…）。相談の現場で実際に使うモノとは、あなたも相談で使っているモノ。特別なものではありません。

例えば、資料や書類、パンフレット、名刺、名刺的なグッズ、ノベルティ、など。このようなモノはストックもあるし、多く使われていますよね。それ

を活用するのです。これらのものは私たちが日常的に相談者の方に渡しています。

　つまり、普段の相談の中で少し意識的に**渡す行為にひと工夫する**だけで、相談の効果というのは変わってきます。相談後のフォローとしてモノを活かすことも、変化の可能性を高める方法と言えるのです。

⑤ さらに相談力アップを目指して

　相談者の抱える問題の解決には、相談者に変化をもたらすことが必要で、そのアプローチ方法は本当に様々な方法があることを学んだ。そのおかげか、必要な人にサービスをつなげることができるようになってきた。大変さが軽くなった相談者からは、後日、「あの時はありがとう」と声をかけられることもあり、相談の仕事にやりがいを感じている今日この頃である。なんていえば格好良いが、内心はまだドキドキしている。最初のドキドキは緊張していただけだったが、最近はその質が変わってきた。

　だって、私の対応がひとつ間違えば、相談者は違う人生を歩んでしまう可能性もある。それだけ重要な仕事だということがだんだん分かってきたのだ。まだまだ自分の相談対応を高めていきたい。そんな思いを強くしている。

あなた:「昨日相談に来た○○さんなんですけど、家族が相当ヒドイですね。あんなに大変な思いをしているのに、全然分かっていないみたいで、ほぼ放置しているんですよ。」

先輩:「そうなの〜。大変な家族なんだ。」

あなた:「そうなんですよ。私、昨日歯がゆくて、1時間くらい眠れなかったですよ。」

先輩:「あら、それはあなたが大変ね。」

あなた:「そういえば、先輩、相談に来た人が怒鳴ったり泣いたりしても、落ち着いてますよね。すごいな〜。」
（私もそんな風になりたいな〜）

スキル32　5. さらに相談力アップを目指して
ゴール思考を身に付ける
－逆算すれば「今」が分かる－

POINT!
1. 時間の流れは二つある
2. 相談における「ゴール思考」
3. 相談における「ゴール」とは二つある
4. 二つのゴールの具体例
5. 「翻訳」してから共有する

POINT! 1. 時間の流れは二つある

　時間というのは、過去から現在、そして現在から未来へと流れていくというのが多くの方の認識です。しかし、時間とは、未来から現在に流れてくるという考え方があります。**逆算思考**と言うと分かりやすいかも知れませんね。

　例えば、川下りを想像してみて下さい。大きな川を、舟に乗って下っていくレジャーで、隅田川クルーズや鬼怒川、長瀞のライン下りなどが有名です。その川下りですが、コースを知らないお客さんの視点で見ると、スタート地点からゴール地点まで、時間の経過とともに進んでいきます。スタートしてから、初めにウサギ岩、その次に吊り橋の下をくぐって、急流の箇所を過ぎたら、ゴール地点に着く、というように…次に何が来るかワクワクしながら、現在から未来へと、**イベントを一つひとつ積み上げていく**感覚です。これが一般的な時間の流れです。

　一方、船頭さんの視点で見るとどうでしょう。どこに何があるか、ということは把握していますから、予定しているイベントが、向こうからやってきます。最初に川下りの歴史を説明しているとウサギ岩がやってきて、しばらく穏やかだから写真タイムをとって、5分くらい経つと吊り橋が見えてくる、というように…。川下りの20分の範囲ですが、未来のイベント（予定とも言えますね）は**向こうから近づいてくる**ような感覚となります。

　この例で言うと、お客さんの時間は現在から未来に流れており、船頭さんの時間は未来から現在に流れていると言えるわけです。

これが時間の二つのとらえ方（感覚）なのですが、そのうち後者を相談に応用すると、**「ゴール思考」**となります。もちろん、相談では、全てのイベントを把握することはできませんが（もしできたとしたら、それは予定調和を強いているだけですから）、少なくともゴールを決めることで、それまでの道のりを逆算して、相談を組み立てていけるようになるのです。

POINT! 2. 相談における「ゴール思考」

　次に、相談ではなぜ「ゴール思考」が良いのでしょうか。例えば、介護はゴールが見えないのがつらいとよく言われています。それは、本人の病状がこの先どうなって、いつ最期を全うするのかが未確定だから、いつまで介護の負担を負うのか不安になってしまうという意味です。

　それは相談でも同じこと。川下りの場合は、レジャーなので、この先何が来るのかワクワクできますが、相談では、**この相談の先に何があるのか？が分からないと、相談者は不安になってしまいます。**

　ですから、相談では、ゴールを定義し、相談者と共有することが大事になるのです。それが相談者の安心を生み、ひいてはモチベーションアップにつながります。また、相談の組み立てにもつながります。

POINT! 3. 相談における「ゴール」とは二つある

　それでは、相談における「ゴール」とは何でしょうか。それは個別に決まってくるものです。もちろん、一般化してしまうと、悩みや問題の解決であり、そのための変化なのですが、それを目の前の相談者に当てはめてみるのです。そのためには当然のことですが、相談者のことを知らないとゴールは見えてきません。聴くことの重要性は、これまでも再三お伝えしていますが、ここでも、やはり相談の基本は聴くことなのです。

　そして、相談における「ゴール」とは二つのものがあります。

相談における二つのゴール

> 相談を受ける私たちが設定するゴール
> 　客観的な専門職としてのゴール
> 相談者と共有するゴール
> 　相談者にとって響く言葉で定義されたゴール
> 両者は違うことの方が多いのですが、もちろん同じこともあります

　前提として、両者の立場が違うことは押さえておく必要があります。私たちはあくまで相談を受けている**客観的**な立場で、相談者は悩みや問題を抱えている**主観的**な立場なのです。この**立場の違い**から、自ずとゴールの認識も違ってくるのです。

POINT! 4. 二つのゴールの具体例

　例えば、ダイエットの相談をスポーツインストラクターにするとします。会っていきなり、ゴールを設定することはできませんから、相談者の話を聴いたり、身体測定をしたりしながら、情報収集していくわけです。その結果、インストラクターの客観的・専門的立場からは、「基礎代謝を上げる」というゴールが設定された、とします。

　確かに基礎代謝を上げれば、消費カロリーが増えますので、ダイエットには効果的です。しかし、相談者も同じゴールを共有できるかというと、少し客観的過ぎなのです。ぜひダイエットをしたい相談者の気持ちを想像しても

らいたいのですが、「基礎代謝を上げる」という言葉に惹かれるでしょうか。もちろん惹かれる人が全くいないというわけではありませんが、より多くの人が共感できる言葉というのは、**もっと主観的なもの**ではないかと思います。例えば、「痩せやすい身体を作る」とか、「リバウンドしにくい身体を作る」とか、「日常生活で痩せる」など…。

ですから、インストラクターはまず、「基礎代謝を上げる」というゴールを設定し、**相談者（主観的な立場）に響く言葉に翻訳**して、「痩せやすい身体を作っていきましょう」などと相談者とゴールを共有するのです。つまり、相談の二つのゴールとは、対応者の客観的なゴールと相談者の主観的なゴールであるということなのです。

POINT! 5.「翻訳」してから共有する

ここで重要な視点になるのが、客観的なゴールを、相談者（主観的な立場）に響く言葉に「翻訳する」ということです。そして、その翻訳した言葉を使って、相談者とゴールを共有するのです。

それでは、なぜ「翻訳」が必要なのでしょうか。ゴールを共有することの効果として、**目的地が分かる安心感**と、ゴールを目指していこうという**モチベーションを向上させる**ことが挙げられます。ゴールを目指すモチベーションとは、すなわち変化のモチベーションでもあり、相談を効果的に進めていく上では、とても大事な要素です。

モチベーションとは、動機付けとも言いますが、簡単に言うと「やる気」。つまり、目の前の悩みや問題を解決するために、一歩踏み出そうという「気持ち」のことです。つまり、**モチベーションとは客観的判断ではなく、感情**なのです。だから相談者とゴールを共有する際には、モチベーションを向上させるためにも、感情に響く言葉、つまりゴールを主観的にとらえた言葉を使っていく必要がある、というわけです。

一方、私たちは客観的・専門的立場から、相談者の状況をとらえています。それはそれで持っておかないと、専門職である私たちが相談にのる意味がなくなってしまいますから、外すことはできません。そこで、両者の折り合いをつけるために「翻訳」が必要になってくるのです。

スキル33　5. さらに相談力アップを目指して
感情表現をマスターする
― 相談者・対応者それぞれの感情表現 ―

POINT!
1. 言葉で感情を表現する
2. 言葉以外で感情を表現する
3. 対応者の感情を表現する際のポイント
4. 私たちの感情を分類してみる
5. バカ正直はＮＧ
6. 原則的に評価は控える

POINT! 1. 言葉で感情を表現する

「相談力」における感情表現の目的の一つに、信頼関係を築くことがあります。相談者との信頼関係を作っていくために、相談者に「私の気持ちを分かってもらえた！」と感じてもらうわけです。そのために、**相談者の感情**を表すことが効果的なのです。

また、解釈を挟まずに、相談者が伝えている感情を**そのまま伝えるだけ**なのでコミュニケーションのズレが少ないことも理由の一つです。その場限りの方から相談される機会も多い私たちにとっては、大きく外さないこと（確実性の高い手段を使っていくこと）も大事な視点ですからね。ここではまず、言葉を使った感情表現について取り上げます。

例えば、「～～な気持ちなんですね」とか、「～～と感じられたのですね」という感じで、直接的に伝えます。伝わったことをそのまま返すだけですから、そんなに難しくありません。しかし、少し注意していただきたいところがあります。

焦点は相談者に当てる

> 注意点とは…
> 　「嫌な気持ちになったんですね」というのと、

「嫌な気持ちになりますね」とは、言葉は似ていますが違いがあるということです。

それなのに相談の現場では割と混同して使われていたりします。少し分かりづらいかもしれませんので、解説しましょう。

両者の一番の違いは、**主語**なのです。

両方とも主語が省略されていますので、分かりにくいのですが、「なったんですね」という方に隠された主語は「あなた」。「なりますね」の方は「私」なのです。

省略してある主語をあえて加えると、

「（あなたは）嫌な気持ちになったんですね」。そして

「（私も）嫌な気持ちになりますね」となります。

注目しているのが、相談者の気持ちなのか、相談に対応している私たちの気持ちなのか、両者が違うということは、分かっていただけましたでしょうか。

その上で、ここでは、相談者の気持ちを表現することがテーマですから、前者の言葉を使うことになるわけです。

ちなみに、後述しますが、後者つまり相談対応者自身の感情を表現することも、決して悪いことではありません。ただ、確実性で言うと、どうしても**未知数な部分も多い**のです。私たちの表す感情が、相談者が期待しているものなのかどうかは、ある程度予想できるとはいえ、言ってみないと分からない部分も大きいからです。

以上のように、確実性から、**相談者の感情**に焦点を当てることが基本となるのです。

POINT! 2. 言葉以外で感情を表現する

そして、二つ目の方法は、言葉以外のコミュニケーションで、相談者の感情を表現することです。その一つとして、**口調**（声の高低やトーン、スピードなど）が挙げられます。

例えば、「そんなことがあったのですね」という言葉自体には、感情を意味する内容はありません。しかし、もの悲しい口調にすれば、悲しさが伝わ

りますし、少し不満げに言えば、怒りの感情が伝わります。

また、**顔の表情**でも感情は伝えられます。相づちを悲しげな表情でするのか、嬉しそうな表情でするのか…など、「はい」という相づち一つとっても、顔の表情でずいぶん意味合いが変わってくるのです。

これらの言葉以外の要素を、言葉と同じように**相談者の感情をそのまま伝え**るのです。そのことによって、相談者は、自分の気持ちを分かってくれたと感じるのです。

POINT! 3. 対応者の感情を表現する際のポイント

相談者の感情を表現するのが基本であり、多くの場合はそれだけで問題ないのは前述した通りです。

あくまで発展編として、対応者である**私たちの感情**を表現する際のポイントをお伝えします。

POINT! 4. 私たちの感情を分類してみる

相談の場面で、私たちが感じる感情を分類すると、その対象によって大きく二つに分類されます。

一つは、相談の内容や具体的エピソード、登場人物など、**「話の内容」に対して抱く感情**です。

例えば、同僚との人間関係で悩んでいる相談を受けたとします。
その場合に、

・同僚との人間関係というテーマに対して、自分も同じことで悩んだと感じたり、
・同僚が一方的に仕事を押し付けてくるというエピソードに理不尽さを感じたり、
・何度注意しても直らない同僚に対して、怒りを感じたり…

というように、話の内容に対して感じるものがあります。

そしてもう一つが、まさに**目の前の相談者に対して抱く感情**です。

例えば、同じ例で言うと、

・同僚との人間関係で悩んでいる相談者に対して、つらそうに語る様子

を見て、何とか力になりたいと思ったり、
・相談者の自分勝手さに「それは違うだろう」と感じたり、
・声を荒げる相談者に、もう少し冷静になってほしいと思ったり…

というように、相談をしている目の前の人物に対しても、様々な感情を抱きますよね。

　以上のように、**話の内容**と**相談者**の二つに大きく分類されることをまず知っておくことが重要です。この二つを混乱してしまうと、私たち自身を振り返る時や、表現する際に取捨選択する時に、いったい何についての感情なのか分からなくなり、混乱してしまいますから。

POINT! 5. バカ正直はNG

　その上で、私たちの感情を伝えるわけですが、その際は、取捨選択して、相談の進行に必要な感情のみを表現するようにします。私たちが相談しているわけではありません。むしろ、相談を進めていく立場ですから、感情を**100%正直に出すことは逆効果**であることがほとんどです。

　なぜかというと、相談者が伝えている感情を「〜〜なんですね」とフィードバックすることは、繰り返していることから、確実性が高いのですが（だからこそ基本なのですが）、それに対し、私たちが感じていることを伝えることの効果は、**相談者が私たちに何を期待しているか**（それに応えられるか）ということに左右されてしまうからです。その期待は秘められている場合も多いので、**確実性が低い**のです。

　そして、相談における私たちの言動は、文字通り全て、相談を効果的に進めていくという目的のためにあります。その中で、私たちの感情をあえて表現するのは、相談者との信頼関係を強固にするために、相談者が期待している感情に応えるという側面が大きいのです（それ以外にも相談者の気付きを引き出すためのきっかけとして表現することもありますが）。

　つまり、私たちが感じていることをそのまま出してしまっても、相談者の**感情に反して**しまったり、相談の**モチベーションを下げて**しまったりする危険があるのです。

　上記の例で言うと、
・同僚について私たちにも一緒に怒ってほしいのか、

- 同僚にダメ出しをしてほしいのか、
- それとも尊敬できる同僚だからこそ悩んでいて、同僚を悪者にしたくないのか、
- どうしようもない悲しさを共有してほしいのか、

それはなかなか分かりません。

　自分の感情を100%そのまま表現してしまうと、**ハズレの可能性が大きい**のですね。だから、相談者の期待に応えられそうなものを選んで、それを表現していくのです。特に相談者に抱く感情については、油断していると無意識に出てしまうことも多いので気を付けて下さい（苦手意識やガッカリ感などのマイナスの感情は特に）。

POINT! 6. 原則的に評価は控える

　相談者が私たちに評価を求める場合を除いて、原則的に**評価につながる表現は控えた方がよい**と思います。なぜなら、良し悪しを言ったり、レベルを論じたりする評価は、評価の**前提となる「価値判断」**が共有されていないと相談者の期待とのギャップが生じやすいからです。

　同僚との人間関係の例で言うと、
- 同僚についての評価
- 人間関係に悩んでいることについての評価
- そんな相談者の評価

などです。

　また、例えば相談者の事情を一切無視して仕事を一方的に押し付ける…というような客観的に見て（常識的には）ひどいなと感じること、つまり、価値判断の基準がある程度共有できていることでさえも、相談者が、私たちに「それはひどいですね〜」と言ってほしいかどうか、それは相談者によって違いますから。「そんなことは分かっているけど、あえて言ってほしくない」という場合もありますから、つくづく**評価に関わる感情表現は難しい**と思います。

　私たちが様々なことを感じることは、もちろん止められませんし、私たちの頭の中で評価することは大事なことですが、それを**表に出す際には注意が必要**なのです。

スキル34 5. さらに相談力アップを目指して
対応者のストレスや感情をコントロールする
－違う価値観との対峙－

POINT!
1. 相談者の言動にストレスを感じることはありませんか？
2. ストレスは感じるもの
3. 相談に感情はつきもの
4. その感情に私たちは反応する
5. 相談を受ける私たちは感情に身を任せられない
6. まずは、自分の感情を認めよう
7. 感情のコントロールは、言動の「背景」を考える
8. 「原因」と「目的」から相談者の言動の「背景」を探る
9. 「背景」を探る際の注意点
10. 自分なりのこだわりと違う価値観を受け入れるのは難しい
11. 振り返ってみよう

POINT! 1. 相談者の言動にストレスを感じることはありませんか？

　相談の仕事をしていると、本当に様々な（成長につながる）苦労を味わうことが多いと思いますが、その中でも、**相談者の言動にストレスを感じることはありませんか。**
　例えば、
　　・私たちが期待する行動を相談者が取ってくれない…
　　・私たちを攻撃するような言動がある…
　　・理解の範疇を超えた言葉や行動がある…
　　・常識からは考えられないクレームを言われる…
　　・生き方や選択に共感できない…　など
　上記のようなことがあると、私たちは気持ちに（感情的・精神的に）ストレスを感じます。

POINT! 2. ストレスは感じるもの

　最初に確認したいのは、私たちは専門職として相談を受けているわけですから、相談者がどんな言動をとっても、どんな思想を持っていても、ひとまずは、「それはそれとして受け止める」ことが求められます。

　「受容する」ということは、【スキル12：相談者の話を聴く】でお伝えした通り、重要なことです。しかし、それは分かっていても、上記に挙げたような相談者の言動には、**私たちはストレスを感じます**。それは、ある意味**感情が健康であることの証明**です。

　上手くいかなかったり、攻撃されたり、自分と合わなかったりすれば、それはストレスですよね。ストレスを感じていることに罪悪感を持ってしまうと、安定していることが求められる私たちにとって精神衛生上良くないので、**まずはストレスを感じていることが自然**なのだ、というところからスタートして下さい（もちろん、相談力が身についている方は、受け止めることに慣れていて、ストレスをあまり感じない場合も多いと思います）。

POINT! 3. 相談に感情はつきもの

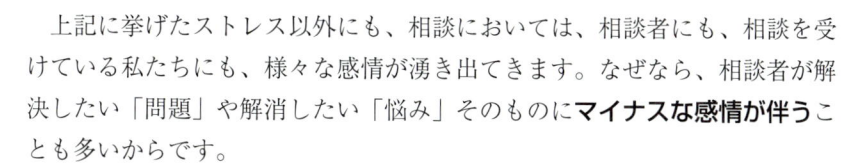

　上記に挙げたストレス以外にも、相談においては、相談者にも、相談を受けている私たちにも、様々な感情が湧き出てきます。なぜなら、相談者が解決したい「問題」や解消したい「悩み」そのものに**マイナスな感情が伴う**ことも多いからです。

　例えば、介護の相談では、相談者が両親の介護でつらい思いをしていることもありますし、しっかりとしていた親がだんだんと弱っていくことを認めたくない気持ちを持っている場合などもあります。お金の相談では、借金があり、金銭的なプレッシャーを感じていたり、将来に対する不安を強く持っていたりします。

　また、問題を抱えている現状とそれを解消した未来（理想）の間にはギャップがあり、その**ギャップに苦しんでいる**こともあります。例えば、体型や体重コントロールが思うようにいかず、理想の体型にはほど遠い現状に悩んでいる場合などは、このギャップに苦しんでいると言えます。

　そして、相談の過程で、相談者の話を聴く場面がありますが、相談者が話

をすることで、過去や現在の喜怒哀楽**様々な感情を思い出し、それが表現される**のです。例えば、人間関係について悩んでいて、その相手とのやり取りを説明している間に、過去のひどい扱いを思い出して、また怒りがこみ上げてきたりもします。

今まではマイナスな感情ばかり挙げましたが、もちろん逆の場合もあります。過去の話を聴く中で、昔家族と行った素敵な思い出が頭を巡ることもありますし、怪我や病気から回復してまた自宅に戻れることの喜びをかみしめていることもあるのです。

POINT! 4. その感情に私たちは反応する

相談者は、相談することで様々な感情を表現するわけですが、相談を受ける私たちもその感情の影響を受けます。私たちも人間ですし、感情がありますから、相談者が表現する**様々な感情を受けて、それに反応してしまうの**です。

例えば、目の前の人が声を荒げて怒っていれば、私たちの心臓の鼓動も早くなり、血の巡りが良くなるなどの、身体的な反応が現れます。また、気持ちの面でも反応はあって、その怒りに共感する場合もあれば、それを恐れたり、ガッカリしたり、逆ギレしたり…と、様々な感情が私たちの中にも湧き出してくるわけです。

POINT! 5. 相談を受ける私たちは感情に身を任せられない

ただし、私たちの中に様々な反応が現れるとはいえ、感情的になったり、その感情に身を任せたりしてしまっては、**相談そのものが成り立たなくなってしまいます**。相談を組み立てていくのは、対応者である私たちですから。

同情して時間を無視してまで相談者の話に付き合ったり、ましてや相談者に逆ギレしたりしてしまっては、相談も上手くいかないですよね。もちろん、相談者の感情に共感するためには、その感情を理解し、私たちの中に湧き出てきたものをきちんと伝えることは必要です。

しかしそれは、相談の全体像を把握した上で、あえて（**必要性に応じて**）感情を出すということですから、どこかで**冷静な自分がいないといけない**わ

けです（全くの無感情になったり、冷静でいすぎたりしてしまうことではないのですけどね）。そこで、私たちに求められるのが、相談者によって引き出される**私たちの感情をしっかりとコントロール**しなければならない、ということです。

POINT! 6. まずは、自分の感情を認めよう

感情をコントロールする上で、最初の一歩になるのが、相談を受けることによって湧き出してくる私たちの様々な感情を、**認める**ことです。今までお伝えしたように、相談者が色々な感情を表に出すことで、私たちもそれに反応します。それは相談を受ける者だって、生身の人間なわけですから、ごくごく自然なことなのです。

ですから、それを認めてみましょう。相談者の喜びに共感したり、自分も嬉しくなったり、逆に相談者が怖くなったり、関わりたくないと思ったり、イライラしたり、相談者の良くない部分を指摘したくなったり…。本当に様々な感情が湧き出てきます。もしかしたら、相談を受ける立場なのに、マイナスな感情を持ってしまうことは、良くないことなのではないかと思う方もいるかもしれませんが、私は、それはそれで自然なことだと思うのです。

そのマイナスな感情に**「支配」されないことが大事**なのです。ですから、マイナスな感情も含めて、様々な感情が湧き出てくること。それを自然なことなのだと認めることが、感情のコントロールの第一歩なのです。そのためにも、**自分の感情の動きにも心を配ってみましょう。**

POINT! 7. 感情のコントロールは、言動の「背景」を考える

自分のストレス・感情を認めたら、次の段階に進みます。それが感情のコントロールです。なぜなら、相談者の言動により、私たちが感情的になってしまい冷静さが失われてしまうと、相談が成り立たなくなってしまうからです。端から見ても、相談された側が感情的になってしまっている姿は、あまりスマートとは言えませんよね。

それでは、具体的にどのように感情をコントロールすればよいのでしょうか。それには、相談者の**言動の「背景」を考えてみる**のが有効です。例えば、

理不尽なクレームを受けた場面を想像してみて下さい。突然そのようなクレームを受けたらストレスも最高潮という感じだと思いますが、そのクレーマーは夫婦関係が上手くいっていなくて
・子どもが反抗期で子育てにも悩んでいる
・元々不器用な性格で、コミュニケーションは得意でない
・そのストレスを理不尽なクレームとしてぶつけてしまっている
という背景を知っていたら、どうでしょうか。クレームにストレスを感じたとしても、「この人はこういう人だから」というような、**妙な納得感**はありませんか。その妙な納得感が、私たちの感情を落ち着かせてくれるのです。

> POINT! **8.「原因」と「目的」から相談者の言動の「背景」を探る**

　それでは、相談者の言動の背景とは、どのようなものがあるのでしょうか？ここでは、二つの視点を紹介します。
　一つ目は、なぜ相談者はそのような言動をするのか、その**「原因」を考えてみる**こと。もしかしたら、相談者の生活様式に原因があるかもしれませんし、孤独だった今までの生活歴の中からやむを得ず作り出された性格かもしれませんし、身体の痛みが原因かもしれませんし、収入が少ないことのプレッシャーかもしれません。
　相談者の言動には、何か原因があるのではないかと考えを巡らせてみると意外と納得感のあることが見つかったりします。
　そして二つ目は、何のために相談者はそのような言動をするのか、その**「目的」を考えてみる**こと。もしかしたら、ストレス解消が目的かもしれませんし、自分に注目して欲しいという気持ちがあるのかもしれませんし、大切に扱ってもらうためにあえて強い口調なのかもしれませんし、問題を解決するためなのかもしれません。
　相談者の言動の目的を考えてみることによって、どう対応しようかと**頭の冷静な部分が働き始める**わけです。

POINT! 9.「背景」を探る際の注意点

相談者の言動の「背景」を考えてみる際の注意点としては、以下のことがあります。それは、この作業は相談を受ける私たちが、自分の感情をコントロールするためにあくまでも**勝手にやっていることを自覚する**ことです。なぜなら、私たちが**冷静に対応することを目的としている**作業なので、原因探しや目的探しに熱中してしまうのは、相談本来の目的とは少しずれてしまうからです。

また、もちろん「原因」や「目的」が正確なことにこしたことはありませんが、100％正確かどうかという厳密なものではありません（相談者に聞いたとしても、100％正確なことは分かりません）。相談者とのコミュニケーションや情報から、可能性があるものを想像すれば十分だと思います。もし一緒に関わっている人がいれば、意見を求めてみるのも良いと思います。

POINT! 10. 自分なりのこだわりと違う価値観を受け入れるのは難しい

私が色々な相談を受けている専門職の方々から相談を受けたり、相談の場面のアドバイスをしたりする中で、比較的多く、自分とは違う価値観の受け入れが難しいと感じるのが、**家族のあり方**や**男女関係の考え方**についてです。
例えば、
- 介護が必要な高齢者がいたとして、家族の中で、誰が面倒を見て、どういう介護をするのか？
- 子育ての問題で、夫婦の中でどのように分担して、子どもと関わっていくのか？
- 夫婦の中での（男女関係の中での）力関係や役割分担をどうしていくのか？

などです。

この例として挙げたところというのは、私たちの多くが人生を送っていく中で実際に経験する（経験したことがある）内容だと思います。だからこそ、**こだわりや自分なりの解決方法を持っている**のですね。

また、自身の経験に強い感情が伴っていることもあります。例えば、仕事が忙しく親の最期を思うように介護できなかったという経験が、強い後悔の

念を伴って、仕事よりも介護を優先すべきだという考えを持つに至ったという例などです。

ただ、決してそれは、悪いことでありません。むしろ、ご自分の人生の経験の中で、自分なりの解決方法を持ったり、様々な感情で思いが作られていったりすることは、自然なことだと思います。注意しなければならないのは、相談の場面で、「無意識・無自覚のうちに」そのこだわりを、**相談者に押しつけてしまうこと**なのです。

POINT! 11. 振り返ってみよう

「無意識のうちに」というのが、この問題の難しいところで、自分では、まさか自分の考えを押しつけているとは思わないわけです。でもそう思っているのは自分だけ…。第三者が見ると、相談の中で、なぜその部分に相談を受ける側がこだわるのか、などと、**不自然な対応方法**が目についてしまいます。

人間は色々、家族も色々、男女関係も色々なわけですから、相談者がどんな価値観を持っていても、基本的には、それを受け止めなくてはならないのです。少なくとも、「現状では、そういう価値観を持っている」という部分だけでも。なぜなら、相談者との信頼関係は、相談者を受け止めることから始まっていくからです。

そのためにも、**自分の人生や経験を振り返ってみる**、ということが大切なのです。自身がどんな価値観を持っていて、どんなこだわりを持って生きているのかということが分からずに、その対策はできませんから。振り返ってみるとは、自身の価値観やこだわりを**言語化**すること。言語化することで、意識せずにいたものを意識することができます。それは人によって異なりますが、そのこだわりに関する話題の時には、注意して相談者に対応するようにすれば、不用意な感情表出を防ぐことができるのです。

今までの人生を振り返ってみるヒント

【好み】
・大好きなこと
・大嫌いなこと、いやなこと
・これだけは譲れないということ

【人生の中で】
・時間をかけたこと
・お金をかけたこと
・労力をかけたこと
・大変な思いをしたこと
・活躍したこと
・満足していること
・後悔していること
・他人と違うところ
・人生の転機
・大きな決断をしたこと
・迷ったこと

【強い感情の動き】
・コンプレックスに感じている（いた）こと
・裏切られたこと
・傷ついたこと
・傷つけたこと
・見返してやりたいと思ったこと
・許せないこと

【仕事の中で】
・専門職になろうと志したきっかけ
・専門職になるための学びの過程
・挫折した経験
・失敗したこと
・感情的になったこと

スキル35　5.さらに相談力アップを目指して
相談を振り返ってみる
－客観視で相談の質は上がる－

> **POINT!**
> 1. 基本的に相談は密室
> 2. 相談者になってみる
> 3. 相談の「力」を最もよく知るのは私たち相談対応者
> 4. 「お客さん」になる時のポイント
> 5. 振り返ることは客観視すること
> 6. どうやって振り返るのか？

POINT! 1. 基本的に相談は密室

　基本的に、相談は、相談者の個人的な悩みや問題を扱うことから、閉ざされた空間で行うことが多いです。それは、相談者のプライバシーを守るため。もしかしたら自分の知り合いが来るかもしれないオープンスペースで、悩みを打ち明けようという気持ちにはなりませんからね。

　ですので、私たちがしている相談とは、公開されることはほとんどありません。ということは、**自分の相談を他の人に見てもらう機会がない**ということですし、**他の人の相談を見る機会がない**ということでもあります。これは、相談の専門職としては、あまり良くないことです。なぜなら、相談者と私たちだけという閉じられた関係に慣れてくると、相談が**マンネリ化**したり、独りよがりになってしまったりしがちだからです。

POINT! 2. 相談者になってみる

　そんな時に効果的なのが、私たち自らが相談する立場に立つということです。
　例えば、
　　・初対面ではどういう気持ちなのか？
　　・何に不安を感じるのか？

・言葉遣いや口調はどうなのか？

・進め方は分かりやすいか？

などの疑問や、それに対する答えは、**相談者になってみる**とすんなりと実感できるものなのです。

例えば、相談では、始まった段階でその日の相談の進め方について説明して同意を得るということも、私が自分の保険のことで保険会社に相談に行った時に、相談の全体像が見えなくて不安だったことから、必要だと強く実感したことがきっかけとなって、実際に相談に取り入れ始めたのです。

POINT! 3. 相談の「力」を最もよく知るのは私たち相談対応者

また、私たちももちろん、悩みや問題を抱えています。それを解決するには、ひとりで悶々と考えているより、専門職に相談した方がすんなりと解決するものです。

例えば、もしあなたの大切な人が、あなたの専門分野のことで悩んでいたとしたら、**自分に相談してくれたら役に立てるのに**と思いますよね。その方が効率的ですし、解決が早いことは専門職である私たちなら知っているわけです。自分の悩みも、どんどん専門職に相談することで、解決も早いし、相談の勉強にもなると思います。

また、他の人の客観的な意見を聞くということは、自分を知ることにつながります。自分を知るということも、相談ではとても大切な要素です。

POINT! 4.「お客さん」になる時のポイント

相談にはサービス業の面もあります。接客業とさえ言える側面もあると思います。そういった観点からは、相談者になってみるだけでなく、サービス業の「お客さん」になって、**お客さん視点からものを見ると**、自身が行うサービスの質が向上します。

私たちが生活し仕事をする上では、何らかのサービスを利用することが日常です。そういった意味では、常に「お客さん」になっていると言えるのですが、ただ漠然と利用しているだけでは、実力がアップすることはありません。

そこで「お客さんを実体験する」時のポイントをお伝えします。

①スタッフを観察する

> サービス業に携わる者としては、スタッフがどんな動きをし、どんな言葉遣いで、どんな対応をするかというのは興味がありますよね。
>
> 動き、言葉遣い、対応をはじめ、服装、髪型、メイク、表情、雰囲気、目線など**気になるところを観察**してみて下さい。
>
> あまりジロジロ見てしまうと、「怪しい人」になってしまうので、さりげなく。
>
> 良いスタッフは見習い、悪いスタッフは反面教師とします。

②自分の感情に注意する

> 世の中のサービスの質というのは様々です。スタッフやサービス、お店などによって、お客さんであるあなたが感じることは様々なものがあると思います。
>
> 例えば、
> ・スタッフの対応にホッとする
> ・ちょっとしたしぐさにカチンとくる
> ・説明の分かりやすさに感動する
> ・サービスそのものの質に驚く　など
> そういった自分の感情を把握して下さい。
>
> そして、その原因を考えてみて下さい。
> ・なぜ、ホッとしたのか？
> ・なぜ、感動したのか？
>
> それを考えれば、ホッとさせる対応、感動させられるサービスがどういうものか実感できますし、カチンときた理由を考えれば、お客様を怒らせないように、あらかじめ気を付けることができます。

③値が張るサービスを体験してみる

> 「お客さん」を体験する中でも、特に効果的なのは、**値段が張るサービス**を利用してみることです。
>
> それは、接客のレベルが高いサービスを実体験してみるため。だから、別に値段が張らなくても、接客のレベルが高いサービスを利用すればよいのですが、悲しいかな、安くて質が高いサービスを探すのは大変なので、手っ取り早く、お金を払ってしまうことをお勧めします。
>
> 例えば、1食1万円を超えるようなレストランや一般の方とは別の専用フロントがあるようなホテルの部屋などです。勇気を出して、そんなサービスを利用してみると、色々な学びがあるのです。たくさん払えば、頑張って元を取ろうとして、アンテナを張ったり、観察したり、後からスタッフの対応を思い出したりしますしね。
>
> 研修やセミナーの参加費用も、数千円から数万円かかりますから、それに比べても、遜色ない**自己投資**だと思います。記念日などを利用して、そんな非日常を味わってみるのもよいのではないでしょうか。

POINT! 5. 振り返ることは客観視すること

そして、相談力を上げる上で、欠かせないのが、**自分の実践を振り返ってみる**ことです。実践を振り返ることで、できている部分・できていない部分を再確認したり、軌道修正したり、頭や感情を整理したりすることができますから。

相談というのは、相談者が複数いることはありますが、多くが相談を受けるのはひとりです。当然、相談を受ける体制としてチームを組んでいることはありますが、それでも、実際の相談の場面となると、ひとりで対応することが多いのではないでしょうか。そのため、他者の目が入らず、初心者であっても、ベテランであっても、**主観が強くなったり、独りよがりになったりしてしまう危険性**があるのです。

例えば、一度上手くいった成功例に固執して、誰にでも同じような対応を

してしまったりすることがありますが、それも状況が客観的に見えていないことが原因なのです。そのような事情から、相談では、自分の実践を振り返り、客観視することが必要なのです。

ただ、日々は仕事に追われ、なかなか客観的に自分を見つめる機会が持てないでいる…という方も多いと思います。そこでここでは、**振り返りのヒント**をお伝えすることで、そのきっかけにしてもらえればと思います。

POINT! 6. どうやって振り返るのか？

それでは、客観視するために自分の実践を振り返るには、どのようにすればよいのでしょうか。単純化すると、振り返るには三つの方法があります。

振り返りの方法

> ①自力で振り返る
> ②相談者の反応をきっかけに振り返る
> ③第三者の意見を聞く

一つ目は、**自力**で振り返ること（内省）。自分を客観視する積み重ねをすることで、ある程度自分で（外からの刺激なしで）、振り返ることができます。

他の二つの方法でも、実際に振り返るのは私たち自身なのですが、外からの刺激を得ずに、自ら省みるという意味で、自力で振り返る（内省）としています。自分の性格を把握していれば、つまずきやすい部分も見えてくるように、客観視を繰り返すことで、より精度が上がってきます。

また、相談の場面を思い出すには、**ドキュメンタリー番組のカメラ撮影をして、その映像を見ているとイメージすると**、客観的に自分がどう見えているかということを振り返りやすいと思います。実際にロールプレイ等をビデオに撮影して客観視するというトレーニングもあります。

二つ目は、**相談者の反応をきっかけに**振り返ること。相談に対応していると、私たちの対応や働きかけに相談者は様々な反応をします。その反応を刺激にして、自分の実践を振り返るわけです。

例えば相談者が怒り出した場合、何がきっかけで怒り出したのか、いつから感情の変化が起こったのかなどを考えていくことによって、相談を客観視

していくことができます。

　そして三つ目は、**第三者の意見を聞く**こと。この本や他の書籍、研修やセミナーなど、相談やコミュニケーションについて語ったものから刺激を得る方法と、スーパーバイザーやコーチや同僚などに、直接、自分についての意見をもらう方法があります。

　「客観視」という意味では、第三者の意見を聞くことが最もストレートですよね。自分で自分のことを100％客観視することはまずできないので、**どうしても盲点ができてしまいます**。それを補ってくれるのが第三者の目ですから、バランスがとれていて頼りになる第三者と出会ったら、ぜひその出会いは大切にして下さい。

　また、良い意見も悪い意見も、とりあえず**素直に受け止めてみる**ことが振り返りのポイントです。

スキル36　5. さらに相談力アップを目指して
専門職として成長する
－パートナーや仲間を見つけよう－

POINT!
1. 専門職は日々成長しなければならない
2. 今苦しんでいるあなたに
3. 苦労の質は変わってくる
4. 短期間に成長するために効果的なものとは？
5. 意思が弱くても大丈夫
6. 方向性を指し示してくれる
7. 独りよがりにならない
8. やる気が出る
9. 仲間が支えてくれる
10. パートナーや「仲間」と出会う

POINT! 1. 専門職は日々成長しなければならない

　私たちは仕事で相談を受けることが多いと思いますが、相談される（あるいは相談対応が求められる）ということは、何らかの専門職なのだと思います。例えば、介護の専門職、認知症ケアの専門職、障がい者支援の専門職、医療の専門職、行政の手続きの専門職などです。

　専門職としては経験が浅い人もいるとは思いますが、相談者から見れば、あなたは一人前の専門職です。だから、初心者かベテランかを問わず、相談を受ける以上私たちは専門職として、**日々成長していかなければならない**存在なのです。

　勉強や自分磨きは学生時代にするものとか、資格をとるまでにすることというイメージがある方は、要注意です。**勉強とは、社会に出てからが本番**。そして、**一生続ける**ものなのです。

POINT! 2. 今苦しんでいるあなたに

　専門職として成長していく過程で、避けて通れないものがあります。いったい何だと思いますか。それは、**「苦しみ」**です。
　・専門的な知識を身に付ける段階の苦労
　・専門的な技術を見に付ける段階の苦労
　・実際にプロとして現場で実践する中での試行錯誤
　・新たな価値を作り出す際の産みの苦しみ
　・他の人や相談者からのフィードバックによる軌道修正

　どれも専門職としての成長には欠かせないものです。私だって、できるなら苦労は少ない方が良いと思います。だからこそ、先人の知恵を活用したり、師匠に教えを請うて、時間より効率を取ったりもしてきました。それでも、やはり**苦労をゼロにすることはできない**と思います。

　だからこそ、今もし大変な思いをされている人がいたら、お伝えしたいのです（今そういう状況でない人は、次の時に思い出して下さいね）。**今つらいのは、成長している証拠**だということ。苦労の原因は色々あって、中には理不尽なものや、外部的要因でどうしようもないこともあるかもしれません。

　また、自分を守るためには、今の状況から離れることが必要な場合もあるかもしれません。それでも、ある程度の期間をおいて、今の状況を客観視すれば、苦労した経験、乗り越えた経験こそが、自分を成長させてくれたことが分かるのではないでしょうか。

　私が相談に対応している方からの相談を受けたり、研修会やセミナーなどで会う皆さんが現場で大変な思いをしながら成長していく様子を見たりしていると、そう感じるのです。専門職としての成長という視点から見ると、大変な思いというのは必ず必要なものなので、**むしろ歓迎してもよいのではないか**とさえ思います。

　また、プロとしての「凄味」や「オーラ」というのは、こういうところから生まれてくる気もします。

POINT! 3. 苦労の質は変わってくる

そして、苦労の質も成長の段階によって変わってきます。初めに苦労と感じていたものは苦労と感じなくなるかもしれませんし、乗り越える課題だって、ステップによって変わってきます。

より大きな歩幅で成長していくためには、**今の苦労を今後にどう活かしていくか**という貪欲な視点が必要なのだと思います。

POINT! 4. 短期間に成長するために効果的なものとは？

「人生経験が豊かなベテランでないと、良い相談はできないのか？」

私が社会福祉士として駆け出しだった頃、よく考えていたことです。当時は、相談というと、とてつもないほどの知識や経験が必要で、駆け出しの自分が相談に乗るなんてことはできないのではないか、と思っていました。

しかし、それと同時に、早く一人前になりたい！ という気持ちも強く、だからこそ、「果たして本当に、人生経験が豊かなベテランでないと、良い相談はできないのか？」とか、「３年や５年など時間をかけるのではなく、できるだけ早くベテランに追いつくにはどうすればいいか？」ということを毎日考えていました。

その結果、得た答えとは、**「短期間に自己成長するには、他人のチカラを借りる」**ということです。ここでいう「他人」とは、一緒に成長を実感できる存在で、成長の方向を指し示してくれる存在でもある人ということです。つまり、福祉分野で言うスーパーバイザーやコーチングで言うコーチ、ビジネス系で言うならメンターなど。**自分の成長のパートナー**と言うべき人ですね。

POINT! 5. 意思が弱くても大丈夫

自己成長をひとりで達成するには、強い意志が必要です。なぜなら、仕事もあって忙しい毎日に、自分のために時間を割いて、色々取り組んでいくのは、楽ではないからです。勉強しようと意気込んではみたものの、三日坊主で終わってしまったり、明日、明日…と先延ばしにしてしまったりすること

はよくあります。

そこで、**パートナーとの約束**があれば、「みっともないことはできないから、疲れてるけど頑張ろう」というような気持ちになるのです（プライドが高い方にはかなり効果的だと思います）。私も、意志が弱い部分もある、と自分のことを認識していますので、そのことに気付いてからは、スーパーバイザーやコーチ、師匠をつけて、他人の目を入れるようにしています。

POINT! 6. 方向性を指し示してくれる

やはり効率の部分を考えると、「何を学ぶか？」ということは重要になります。もちろん、ひとりで試行錯誤することも大事だとは思いますが、自分より一歩先んじている人に、自分の方向を示してもらうことで、**無駄な努力をしなくて済む**ようになります。

旅をする時、闇雲に目的地に向かうより、地図を手にし、進んでいった方が効率的ですよね（この本は、「相談力」の道しるべとしても活用いただけます）。

POINT! 7. 独りよがりにならない

パートナーは、随時、自分の取り組みに対しフィードバックをしてくれます。

- ・パートナーがどう思ったのか？
- ・目標に照らして、どうなのか？
- ・ペース配分は良いのか？　など

ここでもらう意見とは、自分と違う人の意見ですから、**客観性**が保てます。例えば、自分の取り組みが「まだまだだ」という未達成感が強すぎると、成果が感じられないため、あきらめモードになってしまいがちです。でも実はそれは自分の思い込みで、パートナーは「着実に進んでいる」と評価してくれることも多いものなのです。

POINT! 8. やる気が出る

　パートナーは当然、あなたが成長することが唯一の目的で、そこに喜びを感じます。他に意図があるわけではありません（これは**パートナー選びのポイント**でもあります）。だからこそ、やる気が出るように働きかけてくれますし、こちらも素直に聞くことができるのです。

　例えば、会社内のスーパーバイザーがなかなか上手くいかないのは、**成長することが唯一の目的でない場合が多いから**なのです。本人の成長のために必要であれば、会社を辞めることや上司と意見を戦わせることなどもしていかなくてはいけないわけですが、なかなかそこまで、本人主体で見てくれる人はいませんよね。

　逆に、会社や所属する組織などのしがらみとは関係のない、**自分の成長だけを見てくれる**人がいるということは、どんなに心強いでしょうか。そんなパートナーを見つけることが、短期間で成長できる秘訣なのです。

POINT! 9. 仲間が支えてくれる

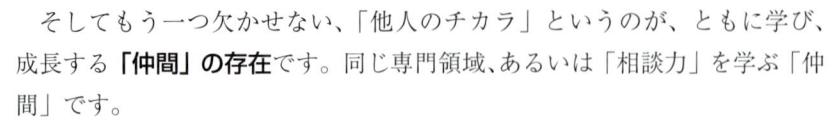

　そしてもう一つ欠かせない、「他人のチカラ」というのが、ともに学び、成長する**「仲間」の存在**です。同じ専門領域、あるいは「相談力」を学ぶ「仲間」です。

　成長過程での苦しみを共有したり、励まし合ったり、認め合ったりして、**一緒に成長する**、文字通り「仲間」も必要なのです。ひとりでできることには限度がありますからね。

POINT! 10. パートナーや「仲間」と出会う

　それでは最後に、上記のような成長をともに支えてくれるようなパートナーや「仲間」との出会い方を簡単に紹介しましょう。

パートナーや「仲間」との出会い方

- 職場で探す
- 同じ法人で探す
- 横のつながり（同じ機関の連絡会など）で探す
- 社会福祉士会などの「会」に所属して探す
- 研修会やセミナーに参加して探す
- 本を読んだり、著者のセミナーに参加したりしてみる
- 勉強会に参加する
- あえて専門領域の違う人と交流してみる

　もし、今そういう人がいないなら、「何か新たなこと」を始めてみましょう。**普段とは違う、非日常の中に、成長のきっかけやパートナーや「仲間」との出会いがあることも多い**からです（著者の主宰する「相談の学校」もそのような「学びの場」を提供することを目的に活動しています）。

4章 実際にやってみよう！

1) 実践、実践、実践

POINT! **1. 身に付くまでの四段階**

さて、ここからは今まで学んできたスキルを相談の現場で活かしていくためのヒントをお伝えします。

まず知っておきたいことが、スキルが身に付くまでは、四つの段階をふんでいくことが必要です。**知る・分かる・できる**、そして**身に付く**という段階です。

身に付くまでの四段階

> ①知る　→　②分かる　→　③できる　→　④身に付く

「知る」という段階は、今まで知らなかったこと、気付かなかったこと、あるいは言語化できなかったことを**知識として得る**ということです。この本を一通り読んだ状態です。

次に、「分かる」という段階があります。これは、自分の経験に照らして、知った知識に納得したり、「なぜそのような行為をするのか」という**因果関係**が分かったりします。この本で言うと、2章を再読したり、気になったスキルを読み込んでみたりすることが該当します。

しかし、**本を読んだだけでは、スキルを身に付けることはできません**。「分かる」から「できる」に至る間には、**実際にやってみるということが不可欠**なのです。つまり「できる」というのは、納得のいったものを実際に相談の場面で活用したり、試行錯誤したりして何度もやってみた結果、成果として得られるものなのです。

「できる」段階の次は「身に付く」という段階です。一度マスターしたスキルも、何度も繰り返し使っていないと感覚が鈍くなってしまいます。だから、**身体が覚えるまで繰り返しましょう**。すると「身に付く」という状態になり、頭で考えなくても自然に、「相談力」を発揮した相談ができるようになるのです。

だから、重要なのは実践。実際にやってみなければ、せっかく読んだ時間も無駄になってしまいますからね。

POINT! 2. アウトプットしよう

　自分の中に新たな情報を仕入れるという「インプット」が学びであると考える人は多いのではないでしょうか。しかし、「インプット」だけでは、学びは一面的なものになってしまいます。

　そこで重要なのが、「アウトプット」です。自分の中に取り込んだものを一回外に出すことで、新たな気付きを得られたり、他の人の視点を取り入れられたりするからです。ここで言う「アウトプット」とは、**相談での実践**と**言語化**。相談での実践は、その重要性について上記でお伝えしましたので、ここでは言語化について説明します。

　言語化というのは、学んだことを書き出してみたり、人に伝えてみたりすることです。「相談力ノート」を作って、自分が苦手とするものを書き出してもよいですし、学んだことを他の人に話してみたり、説明してみたりすることも効果的です。

　なぜかと言うと、理由は二つあります。一つ目は、**「アウトプット」を前提にしていると、集中力が増す**ことです。試験勉強が少なくとも試験当日までは頭に残っているのは、試験で解答するという前提に立って勉強することで、集中して理解し、覚えることができるからです。

　ぜひ、「どういうふうにまとめようか？」とか、「分かりやすく伝えるにはどこがポイントなのか？」ということを意識しながら、読み返して下さいね。

　二つ目の理由は、**他の人の反響が得られる**ことです。あなたが学んだことを、同僚や家族などに話してみるのです。すると、様々な反応が返ってきます。

　例えば「へ～　そんなことを勉強したんだ。スゴイね！」という単純なものから、「相談をエスコートする…か。なるほどね。面白い視点だね」とか、「相談の環境を作るって言っても、この狭い職場でどうするの？」など、相談力の内容に関するものまで様々です。

　そのような反響によって、あなたは満足したり、気持ちを新たにしたり、気付かなかった視点をもらえたり、具体的にどうしようか頭が回転し始めた

りします。それは**決して、ひとりで本を読んでいるだけでは得られない**ものなのです。

> **POINT!　3. 仲間を見つけよう**

　だから、仲間を見つけましょう。相談について語り合える仲間を。仲間の存在は、相談対応を続けていく上で大きいものですし、支えにも刺激にもなりますから（詳細は【スキル36：専門職として成長する】参照のこと）。

> **POINT!　4. 実践のポイント**

　それでは、実際にやってみる上でのポイントについてお伝えします。

①やっている場面をイメージしてみる

　まずは、あなたが実際に相談の場面でスキルを活用している場面を頭の中で**イメージ**してみましょう。相談者と初めて会う時はこのような表情で、あいさつはこんな感じで…など。

　【スキル30：想像してもらう】でも紹介した通り、行動するハードルを下げるには、シミュレーションが有効です。それを自分にも応用してみるのです。

②欲張らずに一つひとつ試してみる

　そして、一気に全部やってしまおうなどと気張らずに、**一つひとつ試してみましょう**。大きな一歩は、最初こそ勢いがあっても、なかなか続かないものです。ならば、無理のない小さな一歩を積み重ねることで、それを習慣化してしまったほうが良い結果が出るのです。

　容易にできるステップに細分化するのは、行動するハードルを下げる方法でもあります。

③相談者の反応を見極める

　実際にやってみたら、それだけで満足せず、**相談者の反応を見てみましょう**。相談対応とは、相談者の数だけある、千差万別のものです。相談者が変

われば、必要な対応も変わります。この本でお伝えしている「相談力」は、その最大公約数的な法則を解説したものですから、目の前の相談者に合わせたものを選択する必要があるのです。

　だから、あなたがやってみたスキルが有効だったのかを知るために、相談者の反応を見てみましょう。

④記録をとる

　相談全般に言えることですが、記録をとりましょう。記録についての意義やポイントなどは、次の項でお伝えします。

⑤どうだったか、振り返ってみる

　さらに、自分の実践がどうだったのか、定期的に振り返ってみましょう。慣れるにしたがって、基本的なことが抜けてしまったり、自分のクセが出てしまったりします。そのようなことに気付くためにも、**自分の相談を振り返ってみる習慣**があると良いと思います。

⑥一回一回の相談を大切にする

　悩みや問題を抱えている相談者は、真剣に相談に来ます。だから、それに対応する私たちも、**一回一回の相談を大切に**しましょう。経験を積めば積むほど、軽く流して相談を受けたり、疲れていて上辺だけのテクニックで対応してしまったりしがちです。最初は「疲れているから今日だけ」だったものが、いつのまにか普通の状態になってしまうのです。

　せっかく学んだ「相談力」を活用するのですから、そうならないように、気を引き締めて、毎回の相談に対応しましょうね。

⑦三日坊主にならないように、グッズを新調する

　「よし、「相談力」か。ちょっとやってみよう！」こういった決意は、一般的に、**徐々に薄れていってしまう**ものです。その原因は、忙しい毎日の中で、つい、忘れてしまうこと。それを防ぐために、相談で使うグッズをひとつ新調しましょう。

　例えば、ボールペンやノート、名刺入れ、ネクタイ、シャツ、メガネ、目薬、化粧品、メイク道具、職場で使う歯ブラシなど、何でも構いません。で

きれば毎日使うものを、「相談対応をちょっと頑張ってみる」という**決意を込めて新調する**のです。

　ポイントは「決意を込める」ということです。決意を込めれば、ただの道具ではなく、それが目に入るだけで決意を思い出し、相談スイッチが入る、そんな役割を持ったリマインダーになるのです。

② 記録しよう

POINT! 1. 記録は何のため?

　実際に相談対応してみたら、それを記録しておくことが大事だというのは前項でお伝えしました。ここでは、記録の目的・ポイントについて簡単にお伝えしていきます。

　まず押さえておきたいのが、なぜ、記録を残すのかという、記録の目的です。福祉専門職なら、日々の業務記録や相談者ごとのケース記録を義務付けられている人も多いのではないでしょうか。改めて、記録の目的を見ていきましょう。

記録の目的

> ①相談を残しておくため
> ②情報を共有するため
> ③自身の頭の整理のため
> ④相談者の言動を分析し、今後の相談に活かすため
> ⑤様々なことを証明するため
> ⑥連続性のある関わりのため
> ⑦振り返りのため

①相談を残しておくため

　当たり前のことですが、私たちの**記憶には限界があります**。しっかり細かい部分まで覚えているつもりでも、日にちが過ぎると、その内容は遠くの彼方に忘れ去ってしまうのです。

　だから、どんな相談者が、何のために相談に来て、自分はどのような対応をしたのか、ということを記録しておくことは欠かせないことなのです。何十人もの相談を同時進行する場合はなおさらです。混乱しないためにも、記憶がしっかりしているうちに記録しておくのです。

②情報を共有するため
　そして、記録というのは対応した個人のものではありません。チームで相談者に関わっている場合は、その**チームのメンバーに情報を共有**することが求められます。また、職場の上司などにも報告が必要な場面もあります。そのような時には、記録をもって情報共有するのです。

③自身の頭の整理のため
　記録を書いて言語化することは、思考するということ。その効果としては、私たちのぐちゃぐちゃになった頭が整理され、問題や課題が明確になります。言動を振り返って、じっくりと考えてみることで、相談者の「言わなかったけれど心の底にある思い」のようなものに気付いたりもします。
　言語化の利点は何度かお伝えしていますが、記録でもそれが利用できるのです。

④相談者の言動を分析し、今後の相談に活かすため
　記録に書き出すことで、相談者が抱える悩みや問題が明確になるとともに、専門的な視点から、相談者を**分析**したり、解決に至る経過の**課題などを発見**できたりします。それを次の相談に活かすことができるのです。

⑤様々なことを証明するため
　私たちは仕事で相談に対応している以上、様々なことを証明しなければなりません。それは、仕事をしたこと・専門的な相談対応をしたこと・正当性のある相談をしたことなどです。例えば相談に1時間かけて対応した証拠を残していないと、上司から「その時間は何をやっていたんだ？」と聞かれた時に、それを証明するものがないのです。
　また、相談力を駆使した専門的な対応をしたことや専門職としての知識や技術などを活用してアドバイスしたことも、記録がなければ他の人に証明することができません。そして、法律的・専門的、あるいは倫理的に不適切な対応をしていないことも記録で証明することになります。

⑥連続性のある関わりのため
　相談対応する私たちは、時に、異動したり、転勤したり、仕事を転職した

りします。その場合には、記録を活用して情報や経過を伝えることで、**引き継ぎをしていく**ことになります。相談者にとっては、信頼している対応者がいなくなってしまうだけで心配ですから、少なくとも引き継ぎはしっかりやっておくことが求められるのです。

⑦振り返りのため

後日、この記録を見返すことでも、様々な気付きがあります。記録を読めば、その場面を**思い出す**こともできますし、一連の対応がどうだったのか**検証する**こともできます。また、現在と比較することで**自分の成長に気が付く**こともできます。

以上のように、記録とは相談対応そのものではありませんが、それを支え、他の人とつなぎ、今後へと続けるために欠かせない、とても重要なものなのです。短時間でこなす工夫は必要ですが、面倒がらずに取り組みましょう。

POINT! 2. 記録のポイント

そして、記録する時のポイントをいくつか紹介したいと思います。

①「事実」「推定」「所感」「判断」を分けて記録する

最初のポイントは、「事実」「推定」「所感」「判断」を分けて記録することです。

「事実」とは、解釈の余地がないことがら。つまり誰が見ても異論を唱えない、見たままの内容です。また、「事実」には二つの要素があります。

一つ目は、相談者の発言や行為などの（相談者にとっての）**主観的内容**です。例えば、「「それは嫌だ」と言った」とか、「眉間にしわを寄せた」など、事実だけれども、相談者の心情を表しているような内容です。そして二つ目が、変えようがない現実である**客観的内容**です。例えば、「介護保険を申請した」とか、「退院の日程が決定した」などです。

「推定」とは、事実に基づく予想。私たちの想像力で事実を解釈するのです。例えば、「家族の話を尋ねると、首を横に振って何も答えなかった。過去、家族との関係で何かあったようだ」というような感じです。

続いて、**「所感」とは、個人的な感想**です。例えば、「前回の相談時と比べ

ると、顔の表情が明るくなり、下を向くことも少なくなった。相談すること
に慣れてきたように感じる」などです。

最後に**「判断」とは、専門性を根拠とした考え**です。例えば、「車いすの
まま病院まで移動するには、介護タクシーが必要である。また、手続きでき
る家族もいないため、事業者につなぐことが求められる」という感じです。

②第三者が読んでも分かるように

そして、記録の目的でもお伝えしたように、記録は私たち個人のものでは
ありません。スタッフ間で共有したり、連携している他の専門職に見せたり、
場合によっては相談者本人から開示を求められる可能性すらあります。

そういった意味で、記録とは、**第三者が読んでも理解できるように書く必
要があるのです。**

断片的なメモを見れば思い出せるから、ちゃんと書かなくてもいいという
考え方は、自分だけを読み手として想定しています。しかし、そうではない
のですから、第三者でも理解できる形・表現で書くこともポイントなのです。

具体的には、固有名詞を抜かしてしまったり、自分しか分からない省略記
号を使ったり、経過に関する記載がなく結論だけ一言書いてあったりすると、
他の人が読んでも、何のことなのか分からなくなってしまいます。

③具体的に書く

そして、なるべく具体的に記述します。特に**あいまいな言葉やどうとでも
とれる言葉は避けましょう**。例えば、「以前よりだいぶ良くなった」という
よりも「先月と比べると、歩行時に足を引きずる回数が減った」という方が
具体的にイメージできます。

また、意識して**数字**を使うことも効果的です。数字というのは指標になっ
たり、比較ができたりするからです。

④日付や時間も忘れずに

そして、**日付**や**時間**も忘れずに書いておきましょう。後から見返す時に、
日付は重要な情報ですし、相談に来た時間帯やかかった時間なども振り返り
の材料になります。

③ タイプ別実践法

POINT! 1. タイプ別実践法の前に

　本書の活用方法や実践に当たっては、冒頭でお伝えした「この本の活用方法」を思い出して下さい。ただ、読者のあなたの置かれている状況によって、実践のポイントは変わってきますので、それをお伝えしたいと思います。

POINT! 2. 初心者は一つひとつしっかりと

　初心者のあなたは、とてもラッキーです。なぜなら、初心者のうちに、**相談全体の流れを学び、その流れに沿ったスキルを理解した**からです。これからは、一つひとつをしっかりと意識して、実際の相談に対応してみましょう。

　どこから取り組んでよいか分からないという方は、3章でお伝えしたスキルの順に沿ってやってみて下さい。順番については、少しでも理解しやすいように、実践しやすいようにと並べてありますから。

POINT! 3. 相談対応の経験はあるがイマイチ自信が持てない

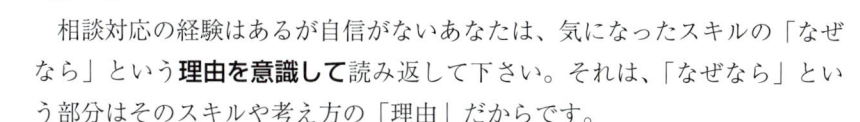

　相談対応の経験はあるが自信がないあなたは、気になったスキルの「なぜなら」という**理由を意識して**読み返して下さい。それは、「なぜなら」という部分はそのスキルや考え方の「理由」だからです。

　「理由」とは、私たちが相談のプロとして、意図的に発言したり、メッセージを伝えたり、働きかけをしたりする「根拠」となる部分なのです。そこを理解できれば、自信を持って対応できますし、相談者によって対応を変化させることもできるようになります。

　また、最初の場面や質問をする場面、アドバイスを聞いてほしい場面など、それぞれの場面で使える、**「決め台詞」の引き出しを増やしていく**ことも有効です。

POINT! 4. ある程度ちゃんと対応している人

　ある程度ちゃんと対応できているというあなたは、**自分の相談を振り返るきっかけ**に、この本を使って下さい。忙しい毎日の中では、つい忘れてしまったり、抜けてしまったりすることもあります。また、自信があればあるほど、なかなか自分の相談を振り返る機会というのはないものです。

　ですから、自分の対応は相談者にとってどうなのか、と、振り返るきっかけにしてほしいのです。

　また、自身の経験と合わせてこの本に書かれている相談スキルを、**人に伝えること**もさらにあなたを成長させてくれます。

④ あとは、やるだけ

POINT! 1. 最後のメッセージ

　今まで、この本の中で、相談力の重要性、相談全体の流れ・目的、その流れに沿ったスキル、実践に向けてのヒントや活用方法などをお伝えしてきました。
　ここまで読んできたあなたなら、次にすることは分かりますよね。
　そうです。
　気になったところを読み返したり、実際にやってみたりすることです。
　それは少し面倒だったり、負担になったりすることかもしれません。しかし、私たちは相談対応を通して、相談者に変化をもたらす立場です。そんな私たちが全く変化もせずに、**一生今と同じままでいたら**、はたして、**私たちの言葉や態度に説得力があるでしょうか**。

　ひとつだけでいい。
　ちょっとした一歩を、試しに踏み出してみるだけでいい。

　昨日の自分とほんの少しでも違う自分に出会えるということが、まさに「成長している」ということなのだから。

　あなたの相談が少しでも良いものになり、その結果、相談者の悩みや問題が解決することを願っています。また、試行錯誤や実践の様子、本の感想、決意表明など、メール等でメッセージをいただけると嬉しいです（お待ちしています）。
　私たちはもう、この本をきっかけに**「仲間」になった**のですからね。

あとがき

　最後まで読んでいただき、本当にありがとうございました。いかがでしたでしょうか。「よし。明日の相談でさっそく試してみよう！」という気持ちになっているでしょうか。

　相談とは、人間が古くから行っている、問題解決のためのコミュニケーションです。福祉の現場に限らず、世の中には相談があふれています。しかし、世の中の相談の質はそこまで高くないのが現実で、私はそこに**危機感**を感じています。

　一方、社会福祉士・ケアマネジャー・ヘルパー等の福祉・医療系の専門職あるいは士業・コンサルタント・コーチ・カウンセラーなど、仕事として相談に対応している私たちは、世の中全体の「相談」を**リードしていく**立場だと思っています。だから、本書は上記の方を対象に執筆したのです（相談力とは汎用性のあるスキルなので、どんな方が読んでも活用できるように構成しています。ご安心を）。

　人生において、人は必ず悩みや問題を抱えます。それを解決していくのが相談。つまり、**うまくいく相談が増えれば、悩みや問題を解決できる人が増えていきます**。いずれはまた次の問題が発生するとはいえ、目の前の問題を解決することは、人生を前に進めることに他なりません。ひとりでも多くの悩みや問題を解決につなげることができれば、生き生きと暮らす人の多い、楽しい世の中になると思いませんか？

　だから私は、「相談力」がある人を増やしていきたいのです。

　本書をきっかけに私とあなたは、相談を学ぶ「仲間」になりました。
　本書はこれで終わりですが、私たちは今がスタートラインです。
　普段私たちがしている学びや相談の積み重ねが自分を成長させ、その姿が「仲間」に良い刺激になることを信じて、**これからも一緒に学び、相談対応していきましょう！**

　また、本書が完成したのは、私ひとりの力ではありません。この作品は、

対人援助職のためのコミュニケーションスキル 36
「相談力」入門

細かい部分までこだわりの強い私に付き合ってくれ、実現のために関係各所を調整し、形にしてくれた中央法規出版 第1編集部 三井民雄さんをはじめとする以下の方々の想いの結晶です。

　企画編集　野池隆幸さん（中央法規出版 第1編集部）
　原稿整理　堀美里さん（中央法規出版 第2編集部）
　営業　池田正孝さん（中央法規出版 東京営業所）
　ブックデザイン　松田圭さん（KIS）
　その他、企画・校正・営業等で関わってくれた方々

　そして、今まで相談していただいたクライアント、様々な書籍・研修・セミナー・師匠等からの学び、地元である横浜で一緒にクライアントに関わってくれる皆様、鈴木のセミナーや講演会に参加してくれる皆様、ともに仕事をするスタッフ、事業所の皆様、「相談の学校」の活動に共感し応援してくれる皆様、メールマガジンやブログ等の情報発信を読んでくれている読者の皆様、そして**本書を読んでくれたあなた**。

　全ての方々に心から感謝します。本当にありがとうございました。
　いつの日か、お会いできることを楽しみにしています。

鈴木　雅人

著者紹介

鈴木 雅人
（リーガルソーシャルワーカー®・人生最期の付添人）

社会福祉士・行政書士（みそら行政書士・社会福祉士事務所 代表）

　法律面・福祉面の両面から身寄りのない高齢者の生活を支え、自分らしい最期を迎えるためのサービスを提供している、相談件数6000件以上という相談コミュニケーションの専門家。高齢者や福祉専門職、コーチなどを対象にした講演経験も100回を超える。
　しかし、幼少期より引っ込み思案・人見知りで、コミュニケーションが苦手な内気な性格だった。学生時代には「一人旅サークル」に入るなど孤独を好み、合コンなどとは無縁の生活を送る。卒業後は万引きＧメンとしてＣＤショップで一日中お客さんを演じ、万引き犯を検挙する仕事に従事する。その中で些細な目線の違和感や指先の変化を感じるスキル、事実だけを見極める技術等を身に付ける。
　その後、大学時代に学んだ高齢者の自分らしい最期に関わりたいという思いから、社会福祉士を取得。「相談」というコミュニケーションの仕事に就くことになる。しかし、内気な性格で、会話が苦手。お客さんが怖くて、相談室から逃げ出したくなるような状態から、10年の試行錯誤を経て、内気な性格ならではの手法で円滑にコミュニケーションができる方法論を確立し、体系化してきた。
　コミュニケーションが苦手だからこそ見えてくる、分かりやすい分析や具体的な手法には定評があり、共感できるとの声も多い。
　相談を学び合う場として、「相談の学校」を主宰している。

東洋大学社会福祉学科卒業
社会福祉士として横浜市港北区の在宅介護支援センター・地域包括支援センターに従事
その他、精神病院での面接業務やホームレスの就職支援を行う
法律面の支援を同時に行う必要性を感じ、行政書士を取得
みそら行政書士・社会福祉士事務所を開設
「相談の学校」を主宰

横浜市在宅介護支援センターあり方検討委員会　委員
神奈川県社会福祉士会　地域包括支援センター推進委員会　委員
神奈川県社会福祉士会　ぱあとなあ神奈川運営委員会　委員（法人後見チーフ）
横浜市における市民後見人検討委員会　委員
神奈川県社会福祉協議会　市町村社協成年後見推進委員会　委員　などを歴任

読者様限定！無料プレゼント

相談力がある人とない人の間には、明らかな「違い」があった。

本書「相談力」入門 を読んで、
- 相談力をもっと学びたい
- 効率良く復習したい
- 実際の相談で試してみたい
- 相談力に触れたい
- もう少し立体的に理解したい

などと思ってくれたあなたへ

著者の鈴木が感謝を込めて、本書の副教材を作成しました！
読者様限定、無料でプレゼントします。

相談の学校 presents 音声セミナー＆小冊子
『相談力がある人とない人との7つの違い』

◎ この7つの違いを知り、意識して相談に臨むことで、一気に**対応力がアップ**する
◎ 様々な相談対応者の事例から、**陥りやすい対応**をピックアップ
◎ 日々の相談対応の**振り返り**やチェックにも活用できる
◎ 本書の理解を深め、**定着させる**ためにピッタリの内容　　現場で**すぐ使える！**

↓今すぐ以下のホームページにアクセスして下さい↓

http://www.misora-office.com/book1/

著者へメッセージや感想を送りたい方もコチラへ

※ 配布期間を過ぎると、予告なしに配布を停止する可能性がございますので、興味がある方は早めに入手されることをお勧めします。また、本書を購入し、読んでいただいた読者様限定でお知らせしているホームページのため、上記URLを直接ご入力下さい。ご協力お願いいたします。

「相談力」入門
対人援助職のためのコミュニケーションスキル36

2013年3月20日　初　版　発　行
2015年7月30日　初版第5刷発行

著　　者	鈴木雅人
発　行　者	荘村明彦
発　行　所	中央法規出版株式会社
	〒110-0016　東京都台東区台東3-29-1　中央法規ビル
	営　　業　TEL03-3834-5817　FAX03-3837-8037
	書店窓口　TEL03-3834-5815　FAX03-3837-8035
	編　　集　TEL03-3834-5812　FAX03-3837-8032
	http://www.chuohoki.co.jp/
ブックデザイン	KIS
印刷・製本	長野印刷商工株式会社

ISBN　978-4-8058-3799-3 C3036
定価はカバーに表示してあります。

本書のコピー、スキャン、デジタル化等の無断複製は、著作権法上での例外を除き禁じられています。また、本書を代行業者等の第三者に依頼してコピー、スキャン、デジタル化することは、たとえ個人や家庭内での利用であっても著作権法違反です。

落丁本・乱丁本はお取り替えいたします。